Karl Friedrich Wilhelm Schmidt, Karl Friedrich Wilhelm Schmidt

Ueber die Zahl der Schauspieler bei Plautus und Terenz

Und die Vertheilung der Rollen unter dieselben

Karl Friedrich Wilhelm Schmidt, Karl Friedrich Wilhelm Schmidt

Ueber die Zahl der Schauspieler bei Plautus und Terenz
Und die Vertheilung der Rollen unter dieselben

ISBN/EAN: 9783743396562

Hergestellt in Europa, USA, Kanada, Australien, Japan

Cover: Foto ©Thomas Meinert / pixelio.de

Manufactured and distributed by brebook publishing software (www.brebook.com)

Karl Friedrich Wilhelm Schmidt, Karl Friedrich Wilhelm Schmidt

Ueber die Zahl der Schauspieler bei Plautus und Terenz

Ueber

die Zahl der Schauspieler

bei

Plautus und Terenz

und

die Vertheilung der Rollen

unter dieselben

Gekrönte Preisschrift

von

Dr. **Friedrich Schmidt**.

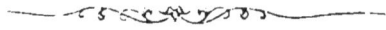

Erlangen,
Verlag von Andreas Deichert.
1870.

Druck von Carl Junge in Ansbach.

Herrn

Professor Dr. W. Christ

in dankbarster Verehrung

gewidmet.

Vorwort.

Bei der großen Theilnahme, die in neuester Zeit das römische Drama in der Gelehrtenwelt gefunden hat, ist es sehr zu verwundern, daß eine Einrichtung, welche von durchgreifender Bedeutung für Beurtheilung des antiken Drama's ist, noch von Niemanden an den uns erhaltenen Komödien des Plautus und Terenz geprüft worden ist. Es ist uns nämlich durch verhältnißmäßig wenige, aber sichere Zeugnisse eine zunächst den griechischen Dramatikern auferlegte Beschränkung verbürgt, welche darin bestand, daß denselben zur Aufführung ihrer Dramen immer nur eine bestimmte und kleine Anzahl von Schauspielern zu Gebote stand, unter welche sie die einzelnen Rollen der Stücke so zu vertheilen hatten, daß Ein Schauspieler in ein und demselben Stück oft zwei oder mehrere Rollen zu spielen hatte. Da nun die Entwickelung des römischen Drama's fast ganz auf der des griechischen beruht, so dürfte es sehr angezeigt sein, zu untersuchen, ob diese Beschränkung auch auf italischem Boden Eingang gefunden hat. Ueberdies ist dieser Punkt für Beurtheilung der Oekonomie der Dramen, für Würdigung des dichterischen Talentes, für Anerkennung der Schauspielerkunst, endlich für Erkenntniß des praktischen und zugleich idealen Sinnes der Alten, von so großer Wichtigkeit, daß eine Untersuchung darüber, ob jener ursprünglich griechische Gebrauch auch auf die römischen Dramatiker sich erstreckt, jedenfalls der Rechtfertigung nicht bedarf.

So begrüßte auch der Verfasser dieser Schrift mit Freuden die im Sommer 1868 von der hohen philosophischen Fakultät der Universität München gegebene Preisaufgabe, deren Wortlaut folgender ist:

„Durch die bestimmte und kleine Anzahl von Schauspielern, welche in Athen für die Aufführung von Dramen zur Verfügung gestellt wurden, sahen sich die griechischen Dichter genöthigt, nur eine bestimmte Anzahl von Personen auftreten zu lassen und Einem Schauspieler mehrere Rollen zuzuweisen. Es werde nun an den Stücken des Plautus und Terenz nachgewiesen, ob und in welchem Umfange die lateinischen Komiker über jene Beschränkung hinausgingen."

Da vorliegende Bearbeitung dieser Frage von derselben Fakultät, welche sie gestellt hat, als preiswürdig anerkannt worden ist, so wagt es der Verfasser, sie nach sorgfältiger Umarbeitung dem Urtheil weiterer Kreise zu empfehlen.

Erlangen, August 1870.

Der Verfasser.

I.

Bevor wir an unsere eigentliche Untersuchung herantreten, wird es gut sein, einen kurzen Ueberblick über das, was bisher über jene Beschränkung der Schauspieleranzahl bei den Alten in neuerer Zeit geschrieben ist, zu geben.

Bis gegen Ende des vorigen Jahrhunderts fand diese wichtige Einrichtung der Alten keine Besprechung. Erst C. A. Böttiger untersuchte in seiner Schrift: Disputatio de actoribus primarum secundarum et tertiarum partium, Wim., 1797, 4. das bis dahin unbeachtete Thema. Dann zog C. Lachmann (De mensura tragoediarum, Berol., 1822, 8) denselben Punkt in seine Untersuchung hinein, ohne jedoch mehr als die Thatsache zu berühren. G. C. W. Schneider (Das Attische Theaterwesen, Weimar, 1835, 8) sammelte S. 129—144 sorgfältig alle hier einschlägigen Stellen aus antiken Schriftstellern und erläuterte dieselben im Zusammenhange mit andern Fragen. Allein es war immer noch nicht nachgewiesen, ob denn die überlieferten Nachrichten eine Probe an den erhaltenen Tragödien und Komödien aushielten.

Darauf ließen sich auch A. Bode (Gesch. der hellenischen Dichtkunst, III., I. Leipzig, 1839, 8) und Schöll (Beiträge zur Gesch. der griech. Poesie, I., S. 500 f.) nicht ein, sondern sie machten des Gebrauchs nur nebenbei Erwähnung. Da erschien K. Fr. Hermann's zwar kleine, aber für diese Frage höchst wichtige Schrift: Disputatio de distributione personarum inter histriones in tragoediis Graecis (Marb., 1840, 8).

Er prüfte zuerst die Ueberlieferung an den Tragödien der großen griechischen Tragiker und fand, daß sie ihre Bestätigung in der Komposition der Tragödien findet. Nachdem der Versuch einer selbständigen Rollenvertheilung gemacht war, wandte ihn R. Enger auf die Thesmophoriazusen des Aristophanes an (Oppeln, 1840). Bald aber stellte F. Richter (De personarum distributione inter histriones tragoediarum Graecarum, Berol., 1842) neue

Prinzipien hierin auf, denen K. Fr. Hermann in den „Berliner Jahrbüchern" März 1843, N. 49—55 entgegen trat. Dann versuchte C. Beer (Ueber die Zahl der Schauspieler bei Aristophanes, Leipzig, 1844, 8) auf eine ganz eigenthümliche Weise dieselben Regeln von der Tragödie auf die Komödie zu übertragen und so die einzelnen Rollen in den Stücken des Aristophanes zu vertheilen. Im Anschluß daran erschien von R. Enger ein Programm über die Rollenvertheilung in der Lysistrata des Aristophanes (Ostrowo, 1848), worin er Beer's Grundsätzen entgegen trat. Später hat Fr. Fritzsche (Quatuor leges scenicae Graecorum poeseos etc. Lips. 58. 8.) über das Horazianische: ne quarta loqui persona laboret gehandelt, wobei er bespricht, in wieweit die griechischen und römischen Dramatiker diese Regel berücksichtigt haben. Zuletzt hat Henri Weil (La règle des trois acteurs dans les tragédies de Sénèque, Paris. 1864) die Beobachtung eines hier einschlägigen Gebrauches an neun Stücken des Seneca nachgewiesen, und C. Müller (Jahn's Jahrb. für class. Philol., 1867, S. 61) dasselbe Gesetz auch auf die Octavia desselben Dichters übertragen.

Soweit reicht die Literatur über die uns vorliegende Frage. Wir sehen, daß noch Niemand die uns erhaltenen Komödien des Plautus und Terenz von diesem Gesichtspunkt aus geprüft hat. Nur gelegentlich bemerkt Schneider in der oben angeführten Schrift S. 135, daß in der spätern Komödie, also auch bei Plautus und Terenz mehr Schauspieler haben auftreten müssen, und S. 134 sagt ebenderselbe: „In der spätern Komödie, die keine Chöre hatte, mußten natürlich auch mehr Schauspieler auftreten, wenn die drei nicht hinreichten, was namentlich in den Komödien des Plautus und Terenz der Fall ist, wo in einer Scene oft vier, fünf und mehr Personen sprechen." C. Beer (Ueber d. Zahl der Schauspl. b. Aristoph., Vorrede p. VII.) bemerkt: „Die späteren Zeiten, besonders die der neuen Komödie, konnten schon deshalb (in seiner Schrift) keine Berücksichtigung finden, weil das gesammte Bühnenwesen damals wesentliche Veränderungen erlitten hatte, so daß selbst sichere und vollständige Nachrichten über die damalige Schauspielerzahl — doch sind dergleichen nicht auf uns gekommen — für den in diesem Werkchen behandelten Zeitraum wenig oder nichts beweisen würden." Letzteres auch zugegeben, so ist doch nur mit Beschränkung einzuräumen, daß wir über die Blüthezeit des römischen Drama's von sicheren und zum Theil vollständigen Nachrichten über die betreffende Frage so ganz verlassen sind. Fr. Fritzsche: Quatuor leges scenicae etc. S. 28 ff. führt aus, daß die späteren griechischen Dramatiker, sowie auch die römischen Komiker die Zahl der Schauspieler vermehrt haben, da der Chor weggefallen war und die römischen Komiker oft Einem Stücke zwei griechische Originale zu Grunde legten (contaminatio). Näher geht er aber auf die Frage über die Schauspieleranzahl nicht ein.

Die Stellen bei antiken Schriftstellern werden im Folgenden angeführt und einer nähern Prüfung unterworfen werden. Doch sind sie nicht unsere alleinigen Quellen für die Untersuchung. Der Hauptbeweis wird sich darauf stützen, ob in der Komposition der einzelnen Stücke des Plautus und Terenz Spuren jener Beschränkung zu erkennen sind und in welcher Weise ungefähr eine Vertheilung der Rollen unter die verhältnißmäßig kleinste Anzahl von Schauspielern stattfinden konnte. Auch die Gründe, welche die römischen Dichter zur Annahme jener griechischen Sitte bewegen konnten, und die übrigen Einrichtungen der römischen Bühne, welche jene Beschränkung auch für die Römer möglich machten, werden Berücksichtigung finden. Endlich wird das nicht zu den eigentlichen Schauspielern zu rechnende Personal, welches bei Aufführung der römischen Komödien neben den Hauptrollen thätig war, besprochen werden.

Beginnen wir mit Aufzählung der Zeugnisse der Alten, so steht obenan die bekannte Vorschrift des Horatius (epistola ad Pisones v. 192): Ne quarta loqui persona laboret. Der Dichter gibt mit diesen Worten den Tragikern seiner Zeit den Rath, sich vor Einführung der vierten Person in ein und derselben Scene zu hüten. Dieß beweist nun zunächst Nichts über die geringe Anzahl der Schauspieler im ganzen Stück, aber doch sieht man, daß Horaz auch in dieser Beziehung die Einfachheit der alten griechischen Dramatiker seinen mehr nach äußerem Effekt haschenden Römern empfahl; und wer wollte leugnen, daß mit Beschränkung der in den einzelnen Scenen auftretenden Personenanzahl auch die Verminderung der zum ganzen Stück nöthigen Kräfte zusammenhängt? Wenn aber Horaz seine beigezogene Lehre an die Tragiker seiner Zeit richtet, so sind wir wohl berechtigt, dieselbe Vorschrift auch auf die Komödiendichter überzutragen, da beide Gattungen des Dramas bei den Alten fast durchaus gleichen Gang in ihrer Entwickelung einhielten. Ueberdieß gibt es Stücke des Plautus, in denen jene Regel des Horaz ihre Bestätigung findet, da in denselben nirgends mehr als drei Personen zusammen sprechen; diese sind Amphitruo, Aulularia (soweit diese erhalten sind), Cistellaria, Menaechmi u. Stichus. Auch bei Terenz treten in der Hecyra nie mehr als drei Personen zugleich auf. Im Uebrigen führt Plautus in seinen Stücken nur höchst selten einen vierten oder gar fünften Schauspieler in ein und derselben Scene ein; häufiger Terenz*). Wenn also Diomedes, ars gramm. III. p. 491 ed. Keil von griechischen und lateinischen Dramatikern sagt: Personae diverbiorum aut duae aut tres aut raro quatuor esse debent; ultra augere numerum non licet, so wird er durch gar manche Scene des Terenz und auch des Plautus widerlegt, freilich auch zugleich entschuldigt. Denn in allen diesen Scenen, wo die Zahl der drei sprechenden Schauspieler überschritten ist, spielt die eine oder die andere der auftretenden Personen eine nur untergeordnete Rolle und nimmt also auch nicht eigentlich Theil am Gespräch auf der Bühne, sondern wirft nur gelegentlich ein Wort oder mehrere dazwischen**). So der puer als sechste Person, Most. II., 1; die

---

*) Die Scenen, in denen mehr als drei Personen redend und handelnd auftreten (natürlich ohne Rücksicht auf die stummen Personen) sind bei Plautus: Asin. III., 3; V., 2: Bacch. V., 2; Capt. V., 1; V., 4; Cas. II., 6; IV., 4; V., 4; Curc. I., 3; V., 2; V., 3; Epid. V., 1; Merc. IV., 4; Mil. gl. IV., 4; IV., 6; IV., 8; V., 1; Most. I., 4; II., 1; Pers. IV., 4; IV., 6; IV., 8; V., 2; Poen. I., 2; III., 2; III., 4; V., 3 und die folgenden Scenen; Pseud. I., 2; Rud. III., 6; IV., 4; Trin. V., 3 (nach Ritschl); True. V., 1; bei Terenz: Ad. II., 4; V., 7; V., 9; Andr. II., 5; III., 1; IV., 2; V., 2; V., 4; Eun. III., 2; IV., 4; IV., 7 und die folgenden Scenen; Heaut. II., 3; II., 4; IV., 1; IV., 4; V., 2; V., 5; Phorm. II., 4; III., 2; IV. 3; V., 9. — Bei Anführung von Akt und Scenen ist sowohl hier als durchweg in der Schrift bei Plautus in Ermangelung einer kritischen Gesammtausgabe nach der Ausgabe von C. H. Weise (2 Bände, Quedlinburg u. Leipzig, 1837–38), bei Terentius nach der Ausgabe von A. Fleckeisen (Lpzg. 1832) citirt. cfr. Fr. Fritzsche: Quatuor leges scenicae etc. S. 28 ff., dessen Aufzählung der Stellen, wo mehr als drei Personen auftreten, nicht ganz mit der hier gegebenen übereinstimmt.

**) Zu Hor. a. p. v. 192 bemerkt Comm. Cruq. im Ganzen richtig:

virgo im Persa IV., 4; Lemniselene in demselben Stück V., 2; Syra im Merc. IV., 4; die ancilla als fünfte Person im Poen. I., 2; ebendaselbst V., 3 Giddimene und der puer als fünfte und sechste Person; die virgo als vierte Person im Epid. V., 1. Der von Terenz in mehreren Stücken eingeführte Sclave Dromo spricht hic und da einige Worte, so als vierte Person in Andr. V., 2; im Heaut. II., 3, u. IV., 4, wo als fünfte noch die ebenfalls unbedeutende Phrygia hinzukommt. In diesen und in mehr Stellen erkennt man deutlich das Streben, möglichst wenig Personen zu gleicher Zeit am Gespräche Theil nehmen zu lassen, so daß wir Horaz' Vorschrift bei den römischen Komikern im gewissen Sinne bestätigt finden. Es kann nun diese Beschränkung ihren Grund in der Einrichtung der antiken Bühne oder im Streben nach Klarheit und Einfachheit gehabt haben; immerhin erkennt man, daß weder den griechischen noch den römischen Dramatikern gestattet war, die Zahl der zugleich auf der Bühne sprechenden Personen nach Be= lieben zu erhöhen. Dadurch wurde auch die Verminderung der spielenden Kräfte überhaupt möglich gemacht. Daß die Römer aber hierin die Gränzen etwas weiter zogen, als die Griechen, das ersehen wir aus einer Stelle des Diomedes, ars gr. III., p. 490, ed. Keil:*) In Graeco dramate fere tres personae solae agunt, ideoque Horatius ait: Ne quarta loqui persona laboret: quia quarta semper muta: At Latini scriptores complures personas in fabulas introduxerunt, ut speciosiores frequentia facerent. In diesen Worten vermuthet C. Beer (Einltg. S. 20 f.) eine Textverderbniß, indem er äußert: „wer eben davon sprach, daß im griechischen Drama in der Regel bloß drei Personen handelten, der kann nicht hinzufügen, die vierte Person sei immer eine stumme." Er ändert daher quia quarta in quinta und zieht als Beleg jene schon oben von uns angeführte Stelle desselben Grammatikers: personae diverbiorum aut duae aut tres, raro autem quatuor

---

Quarta persona cum inducitur, debet aut omnino non loqui vel admodum pauca; inducitur enim, aut ut adnuat aut ut aliquid ei imperetur.

Cfr. Martial VI., 6: Comoedi tres sunt, sed amat tua Paula, Luperce,
        Quatuor et *κωφὸν* Paula *πρόσωπον* amat.

*) Diese Stelle rührt von Sueton her und wurde daher von Reiffer= scheid unter Suetoni rell. p. 10, 11 aufgenommen.

esse debent; ultra augere numerum non licet, herbei. Allein wer die Worte unseres Grammatikers vorurtheilslos liest, wird sehen, wie willkürlich und unhaltbar dieser Vorschlag sei. Wir nehmen die Stelle, wie sie uns überliefert ist, und ziehen aus derselben für unsere Frage den Schluß, daß die Römer die bei den Griechen traditionelle Dreizahl der Schauspieler überschritten haben, um ihren Stücken mehr Glanz und Ansehen zu verleihen. Nur fragt es sich, ob diese Erweiterung des alten Brauches nicht schon bei den späteren Griechen Statt gefunden hat und es wird zu diesem Zwecke gut sein, die Fortbildung und allmähliche Entwickelung jenes Gesetzes im griechischen Drama zu verfolgen*).

Im Anfang traten die Dichter selbst auf und übernahmen die wenigen zwischen den Chorgesängen gesprochenen Partien der Reihe nach selbst. Aeschylos fügte nach dem Zeugnisse des Aristoteles (poet. IV.) den zweiten Schauspieler hinzu. Ja in fünf Stücken desselben Tragikers treffen wir bereits den dritten Schauspieler, den zuerst Sophokles auf der attischen Bühne eingeführt haben soll. Diese Dreizahl der spielenden Kräfte ist dann bei Euripides und wahrscheinlich auch von allen gleichzeitigen Dramatikern, bis auf wenige Ausnahmen (z. B. Soph. Oed. Col.) beibehalten. So konnten in ihren Tragödien acht, ja noch mehr Rollen aufgeführt werden. Mittlerweile hatte sich die Komödie auf dieselbe Höhe emporgeschwungen als die Tragödie. Von ihr sagt Aristoteles (poet V.): Τίς δὲ πρόσωπα ἀπέδωκεν ἢ προλόγους ἢ πλήθη ὑποκριτῶν καὶ ὅσα τοιαῦτα ἠγνόηται. Dagegen berichtet uns ein Anonymus: περὶ κωμῳδίας (ed. Beck II. p. XXXII.) Folgendes: Οἱ ἐν τῇ Ἀττικῇ πρῶτον συστησάμενοι τὸ ἐπιτήδευμα τῆς κωμῳδίας — ἦσαν δὲ οἱ περὶ Σουσαρίωνα — καὶ τὰ πρόσωπα εἰσῆγον ἀτάκτως καὶ μόνος ἦν γέλως τὸ κατασκευαζόμενον. ἐπιγενόμενος δὲ ὁ Κρατῖνος κατέστησε μὲν πρῶτον τὰ ἐν τῇ κωμῳδίᾳ πρόσωπα μέχρι τριῶν στήσας τὴν ἀταξίαν. Ueber diese beiden sich widersprechenden Nachrichten handelt ausführlich E. Beer, Einleitung S. 17 ff. Für unsere Frage ist es gleich, ob Kratinus, der ältere Zeitgenosse des Aristophanes, wirklich das für die Tragödie geltende

---

*) Die ausführlicheren Darstellungen sind bei E. Beer, Einleitung S. 5 ff., K. Fr. Hermann S. 14 ff., O. Müller, griech. Ltrgesch. II., S. 54 ff. und auch anderswo zu finden.

Gesetz auch in der Komödie einführte, oder ob es ein Anderer gewesen ist. Daß die Komödie hierin viel freier als die Tragödie zu Werke gehen durfte, liegt wohl in ihrem Charakter. Sie erfordert Verwickelungen, Mannigfaltigkeit, und dazu sind viel Personen mit mancherlei Bestrebungen und Charakteren nöthig. In der Tragödie der Alten ist dieß ganz anders; mit wenigen, scharf gezeichneten Charakteren konnte der Tragiker seinen Zweck vollständig erreichen. Dieser Unterschied zeigt sich theilweise schon bei Aristophanes; denn zur Uebernahme von zehn und noch mehr Rollen in den Stücken dieses Dichters reichten natürlich drei Schauspieler nicht mehr aus. Daher wurden die Nebenrollen Anderen übergeben*). Später in den Zeiten Alexanders des Großen scheint Manches in den Einrichtungen der griechischen Bühne geändert worden zu sein und so erfuhr wahrscheinlich auch die ursprüngliche Beschränkung in der Schauspieleranzahl damals eine umfassende Erweiterung. Mittlerweile war auch die alte attische Komödie ganz umgebildet worden; die Stücke wurden mehr bürgerliche Lust- und Charakterspiele, die Komposition wurde immer verwickelter, seitdem der Chor gänzlich weggefallen war, die Personen, die in den Komödien aufzutreten hatten, immer zahlreicher. Dazu waren natürlich mehr Schauspieler als drei nöthig. Nun sind uns leider die Werke der neueren attischen Komödie verloren gegangen, aber wir wissen, daß sie dem Plautus und Terenz zu Vorbildern gedient haben und daß sich die Römer überhaupt in dieser Beziehung eng an die Griechen angeschlossen haben. Wir werden daher aus Dem, was später aus einzelnen Stücken des Plautus und Terenz entnommen werden soll, Rückschlüsse auf die Dichter der neuen attischen Komödie machen dürfen.

Kehren wir zur Besprechung der Zeugnisse zurück, so steht die dritte wichtige Stelle bei Euanthius: de tragoedia et comoedia

---

*) Nach Pollux IV., 110 nannten es die Griechen παρασκήνιον: ὁπότε ἀντὶ τετάρτου ὑποκριτοῦ δέοι τινὰ τῶν χορευτῶν εἰπεῖν ἐν ᾠδῇ und παραχορήγημα: εἰ τέταρτος ὑποκριτής τι παραφθέγξαιτο. C. Beer jedoch scheint bei seiner Rollenvertheilung von den παραχορηγήματα einen zu ausgedehnten Gebrauch zu machen. — Auf die Römische Bühne haben beide Ausdrücke keinen Eingang gefunden.

(in Gronov's Thesaurus VIII., S. 1684): Comoedia fere vetus, ut ipsa quoque tragoedia, simplex carmen fuit, quod chorus — cum tibicine concinebat. Sed primo una persona substituta est cantoribus, quae respondens alternis choro locupletavit variavitque rem musicam; tum altera, tum tertia et ad postremum crescente numero per auctores diversos personae, pallae, cothurni, socci et ceteri ornatus atque insignia scenicorum reperta; et ad hoc unicuique suus habitus; et ad ultimum qui primarum partium, qui secundarum et tertiarum, qui quartarum atque quintarum actores essent, distributa et divisa quinquepartito tota est fabula. Diese Stelle zeigt im Ganzen die bereits von uns geschilderte Entwickelung jenes Gesetzes in der Komödie auf Grund des einmal gegebenen Prinzips an. Man kann diesen Stillstand in der Entwickelung nicht treffender bezeichnen, als O. Müller (gr. Ltrgsch. II., S. 54); daher mögen seine Worte hier Platz finden: „Was das Personal anlangt, so zeigen die Alten hiebei den historischen Sinn, der in einer eigenen Verbindung von Anhänglichkeit an die einmal gegebenen Formen mit lebhaftem Bestreben nach weiterer Entwickelung besteht. Der alte Typus wird nie ohne Noth weggeworfen, sondern durch Erweiterungen, die gewissermaßen schon in ihm liegen, zur Aufnahme größerer Schöpfungskraft fähig gemacht." An ein vollständiges Aufgeben der alten Beschränkung in der Schauspieleranzahl, so daß also nach moderner Weise jede Rolle ihrem besonderen Acteur zugetheilt würde, kann schon deßwegen weder bei den späteren Griechen noch bei den Römern gedacht werden, weil eine so gründliche Neuerung sicherlich nicht mit Stillschweigen übergangen worden wäre.

Es sind aber die Gründe, welche uns die Beschränkung der Schauspieleranzahl auch bei den Römern wahrscheinlich machen, nicht blos äußere, wie sie bis jetzt aufgeführt wurden, sondern sie sind auch aus den Komödien des Plautus und Terenz selbst zu schöpfen. Sehr lehrreich ist in dieser Beziehung ein Vergleich der Komposition jener Stücke mit der unserer klassischen Komödien von Shakespeare, Molière, Lessing u. A. Wenn man es versuchen wollte, hier eine Vertheilung der Rollen unter eine beschränkte Schauspieleranzahl vorzunehmen, so würden sich unter 10 bis 15 auftretenden Personen kaum 2 oder 3, ganz unbedeutende finden, die sich auf andere

Rollen übertragen ließen*). Noch klarer wird jene Beschränkung der antiken Dramatiker in einzelnen Scenen des Plautus und Terenz, verglichen mit entsprechenden bei neueren Dichtern. So schließt z. B. Plautus seine Menaechmi mit einer Scene, in der nur die beiden Brüder und der Diener des Einen, Messenio, zugegen sind, so daß die Wiedererkennung der beiden Brüder nur vor einem Einzigen geschieht. Wie gerne würden wir noch den Peniculus oder die matrona oder den Vater dieser Gattin des einen Menächmus, oder sie Alle zusammen an der Freude über die Lösung des Knotens auf der Bühne theilnehmen sehen! Shakespeare in der Nachbildung genannten Stückes, in der Comedy of errors, führt in der Schluß= scene fast alle im ganzen Drama vorkommenden Personen noch einmal dem Zuschauer vor Augen und braucht dazu über zehn Personen, wozu Plautus sich mit dreien begnügen mußte. Dasselbe Resultat ergiebt der Vergleich des ganzen Molière'schen Amphitryon mit dem gleichnamigen Stücke des Plautus, ganz besonders aber wiederum der der beiderseitigen Schlußscenen. Diese Vergleiche ließen sich häufen. Man braucht aber nicht einmal die Komposition moderner Stücke gegen die der antiken zu halten, um zu erkennen, mit wieviel größeren Schwierigkeiten jene Dichter in Folge der genannten Be= schränkung der Schauspieleranzahl zu kämpfen hatten, als unsere modernen Dramatiker, denen diese Rücksicht ganz fremd ist. Eine genauere Untersuchung dieser Geheimnisse der Komposition würde uns zu viel auf ein unserer Frage fremdes Gebiet leiten; es mögen daher einzelne Beispiele hier genügen. So kann z. B. Plautus im Stichus die zwei Frauen, Philumena und Pamphila, nur am Anfange des Stückes auftreten lassen und muß ihnen, wie den Zuschauern die Freude über die Rückkehr ihrer Ehemänner auf der Bühne entziehen. Und warum dieß? Er braucht dieselben zwei Schauspieler zur Darstellung der erst im zweiten Akte auftretenden beiden Männer. Ebenso können in den Bacchides Pistoclerus und sein Vater Philoxenus nie zusammen auf der Bühne sprechen, da höchst wahrscheinlich beide Rollen von Einem Schauspieler über= nommen wurden. Wie schön ließe sich aber eine Scene denken, wo

---

*) Der Verf. hat diesen Versuch an mehreren Stücken oben genannter Dichter gemacht.

der anfangs sehr auf seinen Sohn erzürnte Alte vor den Augen der Zuschauer mit jenem zusammenträfe und ihm die Verzeihung, die nun hinter der Bühne vor sich gehen muß, gewährte!

Auch die sogenannten personae protaticae (πρόσωπα προτατικά) gehören hierher, personae, quae semel inductae in principio fabulae in nullis deinceps fabulae partibus adhibentur (Donatus zu Ter. Andr. prol.)*). Sie hatten die Bestimmung, den Zuschauer mit den nöthigen Voraussetzungen zum Verständniß des eigentlichen Stückes bekannt zu machen, und thun dieß in der Regel, indem sie sich am Anfang der Komödie mit einer anderen im Stück auftretenden Person über die Sachlage, die der weiteren Entwickelung zu Grunde liegt, unterhalten oder berathen. Ihren Namen haben sie eben von dem Theil des Stückes, in dem sie auftreten (πρότασις). Diese personae protaticae finden sich vorzüglich bei Terenz, wo wir von Donatus jedes Mal belehrt werden, welches die personae protaticae sind, oder ob gar keine solche im Stücke vorkommt, wie in den Adelph., Eun. u. Heautont.. Die Person des Sosia in der Andria, die zwei Frauen Philotis u. Syra in der Hecyra, Davus im Phormio, sind solche personae protaticae. Aehnlich sind auch die Rollen des Artotrogus im Mil. glor. des Plautus, des Grumio in der Mostell., des Thesprio zu Anfang des Epidicus. Ob auch sie personae protaticae genannt werden können, mag dahin gestellt bleiben. Das aber haben sie mit jenen gemeinsam, daß sie bloß einmal zu Anfang des Stückes auftreten. Daß nun der Schauspieler, welcher eine solche Rolle hatte, später in einer andern auftreten konnte, ist an und für sich sehr naheliegend und fand gewiß Statt, wenn das Prinzip Geltung hatte, möglichst wenig Schauspieler zur Aufführung eines Stückes zu gebrauchen.

Endlich wird das Wechseln der Person ausdrücklich erwähnt im Prologus zum Poenulus v. 125 u. 127:

Ibo: alius nunc fieri volo. — Ego ibo; ornabor.

---

*) cfr. Euanthius: de trag. et com. (Gronov's Thesaurus, VIII., p. 1685): ad hoc προτατικὰ πρόσωπα i. e. personas extra argumentum arcessitas non facile ceteri habent: quibus Terentius saepe utitur, ut per harum inductiones facile pateat argumentum.

Hier erkennt man, daß die Person des Sprechers später im Stück eine andere Rolle übernimmt.

Alles, was wir bis jetzt angeführt haben, liefert wohl hinlänglich den Beweis, daß sowohl äußere als innere Zeichen genug vorhanden sind, die uns die Uebertragung jener bei den Griechen üblichen Beschränkung in der Schauspieleranzahl auf die römische Bühne mehr als wahrscheinlich machen. Zur Evidenz wird diese Annahme, wenn wir, wie später geschehen wird, das angenommene Prinzip an den einzelnen Stücken des Plautus und Terenz als durchführbar darstellen*).

Nun drängt sich aber die Frage auf, ob die Bühneneinrichtungen der Römer auch im Uebrigen so mit den griechischen übereingestimmt haben, daß sie jene Vertheilung der Rollen möglich machten. Es kommt hier vor Allem in Betracht, ob die Schauspieler der römischen Bühne zur Zeit des Plautus und Terenz Masken getragen haben, wie es von den alten griechischen und späteren römischen Schauspielern feststeht, oder ob ihnen dieser Gebrauch völlig oder theilweise fremd war. Wir können hier nicht die ganze Untersuchung neu anstellen; die Frage ist hinlänglich erörtert von G. A. Wolf: de canticis in Romanorum fabulis scenicis, p. 22 ff.; C. J. Grysar: Ueber den Zustand der römischen Bühne im Zeitalter des Cicero Allgem. Schulz. 1832, II., S. 324 f.; Hölscher: de personarum usu in ludis scenicis apud Romanos etc.; Wieseler:

---

*) Auch im römischen Pantomimus war die Einrichtung, daß ein Pantomime immer mehrere Rollen und zwar sowohl männliche als weibliche hinter einander gab. S. Friedländer: Darstellungen aus der Sittengeschichte Rom's II., S. 278. — Es sei hier erlaubt, auch auf eine andere Parallele hinzuweisen, obwohl ich gestehe, daß die Quelle, aus der sie geschöpft ist, keine rein wissenschaftliche ist. In einem Bericht, welcher über das Theater der Chinesen im „Ausland" 1857. N. 43. S. 1023 f. steht, lesen wir unter Anderem Folgendes: „Ein Schauspieler spielt oft in demselben Stücke mehrere Rollen; fünf stellen 10 bis 12 Personen dar. — Frauenrollen werden jetzt durch junge Knaben, früher auch durch Schauspielerinnen gegeben." In derselben Zeitschrift wird (1857, S. 446) über „das chinesische Theater in San Francisco" erzählt, daß die Schauspieler in mehreren Rollen auftreten und daß die Frauen von Männern dargestellt werden, die sich bemühen, die weibliche Sitte und Bewegung der Frauen nachzuahmen. „Es verstößt gegen die chinesische Etikette, Frauen auf der Bühne erscheinen zu lassen."

Theatergebäude u. s. w.: S. 52, u. Anderen. Die Hauptstelle hierüber ist bei Diomedes, ars gramm. III., S. 489, ed. Keil, in Uebereinstimmung mit Suetonius, de viris ill. p. 10, 16 ff., ed. Reifferscheid (cfr. Festus s. v. personatus; Donatus fr. de com.): Antea galearibus, non personis utebantur, ut qualitas coloris indicium faceret aetatis, cum essent aut albi aut nigri aut rufi. Personis vero uti primus coepit Roscius Gallus, praecipuus histrio, quod oculis perversis erat nec satis decorus in personis nisi parasitus pronuntiabat. Dagegen sagt Cicero de orat. III., 59, 221: in ore sunt omnia; personatum ne Roscium quidem laudabant. Daraus sieht man, daß nicht einmal zu Cicero's Zeit immer in Masken gespielt wurde. Was die Zeit des Terenz anbelangt, so sehen wir aus Donatus (praef. ad Adelph.): agentibus L. Ambivio et L. Turpione, qui cum suis gregibus etiamtum personati agebant (cfr. praef. ad Eun.), daß Masken schon zu jener Zeit im Gebrauch waren, während man daneben auch ohne Masken spielte und sich durch Haaraufsätze und ähnliche Entstellungsmittel unkenntlich machte. Daß aber die Masken weder zu Plautus' noch zu Terenz' Zeiten im allgemeinen Gebrauche standen, sehen wir deutlich aus Stellen, wie Phormio I., 4, 32 ff. wo Antipho seine Gesichtszüge absichtlich in immer höherem Grade entstellt und den Andern fragt, ob er es so recht mache; ebenso in demselben Stück V., 7, 7, wo Phormio spricht: nunc gestus mihi voltusque est capiundus novus; oder Mil. glor. II., 2, 200 ff., wo wir aus den Worten des Periplecomenos ersehen, daß Palaestrio lebhaft mit Gesicht und Händen agirt*). Hier, wie auch sonst, wird auf die Kunst des Schauspielers mehr vertraut, als auf die Sinnestäuschung von Seiten des Zuschauers; so wenig im ganzen Alterthum auf die letztere gehalten wurde, ebenso hoch stand die Kunst hervorragender Schauspieler im Ansehen des Publikums. Dieß letztere gilt ganz besonders auch von der Darstellung der weiblichen Rollen durch männliche Individuen, wie sie

---

*) Die beiden Stellen: Andr. V., 3, 7 u. Menaechmi V., 2, 77 f., wo der Zuschauer dort auf Veränderung der Gesichtsfarbe, hier auf hervortretenden Schweiß vom Schauspieler selbst aufmerksam gemacht wird, sind auf Rechnung der Illusion von Seite der Zuschauer zu setzen, da hier die einfache Bemerkung des Schauspielers genügte.

im ganzen Alterthum Sitte war. Uebrigens finden wir, daß die weiblichen Rollen in der römischen Komödie nicht nur selten vorkommen, sondern meist sehr unbedeutend waren, so daß Ausnahmen besonders hervorgehoben werden. So bemerkt Donatus zur Andria IV., 3, 1: Vide non minimas partes in hac comoedia Mysidi attribui, hoc est personae femineae, sive haec personatis viris agatur, ut apud veteres, sive per mulierem, ut nunc videmus. Zugleich lernen wir daraus, daß zu Donat's Zeiten die weiblichen Rollen nicht mehr von Männern gegeben wurden, was wir für die früheren Zeiten jedenfalls anzunehmen haben. Dabei wird sicherlich Sorge getragen worden sein, daß, wo in einem Stücke mehrere weibliche Rollen vorkommen, diese womöglich Einem Schauspieler zufielen, der durch Gestalt, Stimme u. s. w. zur Uebernahme dieser Rollen sich am besten wird geeignet haben.

Ebenso einfach als die Gesichts- und Haarentstellungen auf der damaligen römischen Bühne wird das Kostüm der Komödianten gewesen sein*). Diese Kleidung war schnell gewechselt, so daß das Umwandeln in eine andere Person sehr erleichtert war. Wenn endlich in der alten griechischen Komödie, wie in der Tragödie, die zwischen den einzelnen Abtheilungen der Dramen gesungenen Chorlieder den Schauspielern Zeit gewährten, Rollen zu wechseln, so wird dieß nach Wegfall des Chors dadurch ersetzt, daß mehr Personen aufzutreten haben und so mehrere Zwischenscenen entstehen. Während in diesen neue Schauspieler auftraten, konnte der Andere leicht sich für eine neue Rolle vorbereiten.

So steht, von allen Seiten aus betrachtet, der Fortpflanzung der griechischen Sitte, um die es sich hier handelt, auf römischem Boden Nichts im Wege. Bevor wir nun aber versuchen, die Vertheilung der Rollen in den einzelnen Komödien des Plautus und Terenz durchzuführen, müssen wir die Grundsätze und Regeln, an die wir uns dabei halten, und die Art und Weise, wie wir dem Dichter in seine geheime Geisteswerkstätte folgen werden, auseinandersetzen.

Was den ersteren dieser beiden Punkte anbelangt, so scheint,

---

*) S. Wieseler: Theatergebäude u. s. w. S. 48 ff. und die Tafeln VII. und VIII. — Donatus fr. de com. ed. Klotz p. XIX.

nachdem einmal die Annahme jenes Brauches der verminderten Schauspieleranzahl im Prinzip anerkannt ist, die oberste Regel der Rollenvertheilung die zu sein, daß dieselbe mit Berücksichtigung der einzelnen Verhältnisse unter die möglichst geringe Zahl von spielenden Kräften vorgenommen werde.

Zweitens ist es nöthig, überall darauf Rücksicht zu nehmen, daß der Schauspieler, welcher in einer neuen Rolle aufzutreten hat, hinreichend Zeit finde, um das Kostüm zu wechseln. Da dieses bei den Alten, namentlich zu des Plautus' und Terenz' Zeiten höchst einfach war, so konnte der Rollenwechsel mit großer Schnelligkeit vor sich gehen. Dennoch aber wird man sich auch hüten müssen, einem Schauspieler zu viele Rollen zu übergeben, oder solche, bei denen ein häufiges Umkleiden nöthig wäre. Denn dieß wäre nicht blos für den Schauspieler sehr lästig gewesen, sondern hätte auch bei den Zuschauern die Illusion über Gebühr gestört.

Als drittes Gesetz nehmen wir an, was K. Fr. Hermann: de distributione personarum etc. p. 32 mit folgenden Worten aufstellt: Si quas personas semel inter se colloquentes viderimus, singulis etiam per reliquas fabulae scenas diversos actores dandos esse, nisi contrarium evidentissima necessitate exigitur: (cfr. O. Müller: Gr. Ltrgesch. II., S. 56). Die Versuche, z. B. im Oed. Col. des Sophocles Eine Rolle unter zwei Schauspieler zu vertheilen, sind von verschiedenen Seiten entschieden zurückgewiesen worden*). Ueberdieß wäre diese sinnwidrige Einrichtung nur bei allgemeiner Benützung von Masken denkbar, wie sie für die Zeiten unserer beiden Komiker nicht anzunehmen ist (S. oben). Es würde aber auch diese Ausnahmsmaßregel bei Plautus und Terenz wenig nützen, da bei der Menge der Rollen die Zahl der Schauspieler doch die in den besten griechischen Zeiten gebräuchliche übersteigen müßte; und da kann es auf einen Schauspieler mehr oder weniger nicht ankommen. C. Beer (Einltg. S. 10 f.) erkennt von jenem Gesetze, daß jede Rolle durch das ganze Stück von ein und derselben Person gegeben werden müsse, nur zwei Ausnahmen als zulässig an. Die erste nämlich da, wo eine Person, die früher gesprochen, später als stumme Person auftritt; die zweite dann, wenn im Laufe

---

*) S. F. Ascherson im Philol. XII., 750 ff.

eines Stückes mit einer Person eine Veränderung ihres ganzen Wesens vorgegangen ist. Die erste dieser zwei Ausnahmen, die jedenfalls auch umgekehrt gilt (nämlich da, wo eine Person, welche zuerst stumm auf der Bühne war, später redend eingeführt wird), erkennen auch wir als möglich an; denn warum sollte z. B. die Person der Planesium im Curc. des Plautus (IV., 2) da, wo sie stumm von dem Parasiten auf die Bühne geführt wird, nicht von einem Andern vorgestellt worden sein, als von dem, der die am Anfang und am Ende des Stückes sprechende Planesium spielte? Deßgleichen kann Milphippida im Mil. gl. III., 3 von irgend einer stummen Person gegeben werden, während die redende später ein Anderer darstellte. Den zweiten Ausnahmsfall, den Beer für möglich hält, und wofür er die Rolle des Pheidippides in den Nubes und des Plutos im gleichnamigen Stück des Aristophanes als Beispiele anführt, halte ich für unzulässig, eben deßwegen, weil bei einer Veränderung des Wesens einer Person im Verlaufe des Stückes den Zuschauern die Wiedererkennung der frühern Persönlichkeit erschwert, wenn nicht unmöglich gemacht wird, wenn der Träger der umgewandelten Persönlichkeit ein neuer Schauspieler ist. Bei Plautus und Terenz gibt es übrigens kein Beispiel einer so völlig umgewandelten, gleichsam neu geschaffenen Persönlichkeit; denn wo sich Einer verkleidet, wie z. B. Chaerea im Eun. oder Sagaristio im Persa, da kann doch an einen Wechsel des darstellenden Schauspielers nicht gedacht werden. Mit Ausnahme der oben angeführten seltenen Fälle, halten wir also fest, daß, wer eine Rolle einmal übernommen hat, dieselbe auch durch das ganze Stück behalte.

Wie ferner zu allen Zeiten auf allen Bühnen nicht Jedermann zur Annahme einer jeden Rolle geeignet ist[*]), so wurde natürlich auch bei den Römern die Individualität des Schauspielers, seine Stimme, seine Gestalt u. s. w. in Erwägung gezogen und jedenfalls soweit es durchführbar war, möglichst gleichartige Rollen in ein und demselben Stücke Einem Schauspieler übertragen (cfr. K. Fr. Hermann p. 33). So können z. B. die Frauenrollen großentheils, wo mehrere in einem Stücke vorkommen, von Einer Person übernommen werden, wie Cleareta und Artemona in der Asin.,

---

*) cfr. Juv. III., 93 ss.

Alcmena und Bromia im Amph., Eunomia und Staphyla in Aulul., Philocomasium und Acroteleutium im Mil. glor., Philotis, Bacchis und Sostrata in der Hecyra u. s. w. Ja selbst jener innerliche Zusammenhang der Rollen, den C. Fr. Hermann mit seinem Sinn bei den griechischen Tragikern bemerkt zu haben glaubte (p. 33: ut eas personas eidem actori tribuamus, quarum altera aliquo modo alterius locum occupet eiusque in vicem succedat), kann bisweilen bei den römischen Komikern nachgewiesen werden. So konnten im Epidicus des Plautus die Rollen des Stratippocles und des miles Einem Schauspieler zufallen; Beide sind Liebhaber ein und desselben Mädchens; Dieser ist Soldat von Beruf, Jener kehrt am Anfang des Stückes von einem Feldzuge nach Hause zurück. Doppelt ist diese Succession in der Rolle in der Asinaria zu erkennen: Was Argurippus zu Anfang und am Ende der Komödie ist, das ist in der Mitte Diabolus, — Beide Nebenbuhler bei Einem Mädchen. Argurippus hat einen Sclaven, der ihm in Allem hilft; dieser (Libanus genannt) wird gegen Ende des III. Aktes von seinem Herrn irgendwohin geschickt und tritt nicht mehr im Stück auf. Dafür kommt bald der Parasitus mit Diabolus an und agirt von nun an für seinen Herrn, wie es Libanus für Argurippus gethan hatte. Auf diese Weise konnten recht schön zwei Schauspieler diese vier Rollen so übernehmen, so daß der Eine die beiden Herren (Argur. u. Diab.), der Andere die beiden Diener (Lib. u. Paras.) vorstellte. Indessen ist zuzugeben, daß der Dichter auf dergleichen innere Beziehungen der Rollen oder deren äußere Aehnlichkeiten nicht überall Rücksicht nehmen konnte; denn oft ist es nicht anders möglich, als daß gerade die verschiedenartigsten Rollen in demselben Stücke von Einem Schauspieler dargestellt wurden, was wir fast bei jeder Komödie unserer beiden Dichter im speziellen Theil sehen werden. Hier müßte man entweder vom Prinzip der möglichst kleinen Schauspieleranzahl abweichen, oder man muß der Kunst der alten Schauspieler zutrauen, daß sie, ähnlich wie unsere Schauspieler in verschiedenen Stücken die verschiedensten Rollen spielen, in Einem Stücke unähnliche Rollen nacheinander haben durchführen können.

Ueberhaupt giebt es unter den uns vorliegenden Rollen bei Plautus und Terenz gar manche, von der wir nicht mit Sicherheit bestimmen können, mit welcher der Hauptrollen sie in der darstellenden Persönlichkeit vereinigt worden sei, da oft die Wahl bleibt, eine Nebenrolle diesem oder jenem Schauspieler außer seiner Hauptrolle zu übergeben. In diesen Fällen stand es dem Schauspieldirektor oder dem Dichter frei, die betreffenden Rollen nach der Individualität der darstellenden Kräfte zu vertheilen.

Wenn wir nach den hier angegebenen Grundsätzen die Vertheilung der Rollen in den einzelnen Stücken unserer beiden Komiker vornehmen, so können wir bei jedem Stücke finden, wie viele Schauspieler zu seiner Aufführung zum mindesten nothwendig gewesen sind. Der Weg, auf dem man zu diesem Resultate gelangt, ist nun freilich bei jedem Stücke ein verschiedener je nach der jedesmaligen Beschaffenheit und Komposition der Komödien, doch lassen sich auch hier gewisse Anhaltspunkte für alle geben.

Was K. Fr. Hermann (de distrib. etc. p. 32) sagt: Neque quidquam prius faciendum esse censeo ei, qui hac in re tantum quantum liceat procedere velit, quam ut ab 'earum scenarum observatione, ubi ternae personae simul prodeant, ad reliquarum distributionem transeat, — gilt natürlich auch für die lateinischen Komiker, nur daß man hier meistens von den Scenen auszugehen hat, wo vier, fünf oder sechs Personen zugleich oder bald nach einander auftreten. Manchmal ist es einfacher, zusammenzustellen, welche Personen einmal oder öfter auf der Bühne zusammentreffen, und dann die, welche nicht zusammenkommen, je nach den Umständen zu vereinigen. Besonders ist darauf Rücksicht zu nehmen, wo eine Person längere Zeit hindurch von der Bühne abwesend ist, indem sie häufig vom Dichter eben deswegen fern gehalten worden zu sein scheint, damit der betreffende Schauspieler unterdeß eine andere Rolle übernehmen könnte. Endlich sind diejenigen Personen aus den Verzeichnissen auszuscheiden, welche nur eine ganz untergeordnete Rolle spielen, wie lorarii u. dergl., von denen im Verein mit den mutae personae im dritten Theil die Rede sein wird.

Bei Beschäftigung mit den Rollen eines Stückes drängt sich von selbst die Frage über deren Rangordnung auf. Es ist nämlich aus verschiedenen Zeugnissen erkennbar, daß, wie bei den griechischen Dramatikern, so auch bei den römischen die Rollen und deren

Repräsentanten je nach ihrer Bedeutung im Stücke rangirt wurden. Diese Rangordnung geht bei den alten griechischen Dramatikern blos bis zum τριταγωνιστής. Der Menge der auftretenden Personen gemäß haben die Römer auch diese Bestimmung erweitert und actores quartarum et quintarum festgestellt*). So berichtet uns Donatus zu vier Komödien des Terenz, wer die erste, die zweite, die dritte, in der Hecyra auch, wer die vierte Rolle hatte, indem er dann noch hinzufügt: ac deinceps reliquarum personarum, quae his adiunctae sunt, oder subinde ceteri, prout cuiusque actus ostendit. Nicht immer stand diese Reihenfolge fest (vgl. Donati praefatio in Adelphos). Um so schwerer ist es, in den Komödien des Plautus zu bestimmen, wie immer die einzelnen Rollen dem Rang nach aufeinander folgen**). Wir wollen versuchen, im Folgenden einige Anhaltspunkte zu geben.

Eine Erklärung von primae partes giebt uns Terenz selbst im Prolog zum Phormio v. 28 f.: primas partes qui aget, is erit Phormio parasitus, per quem res agetur maxume, und Donatus in seinem Kommentar zur angeführten Stelle. Diejenige Person also, durch welche die Entwickelung des Stückes am meisten vor sich geht, welche zugleich am meisten auf der Bühne ist, hat die erste Rolle; in diesem Verhältniß folgen die übrigen nach. Nicht immer ist die Hauptrolle des Stückes die sogenannte Titelrolle, (S. O. Müller zu Aesch. Eumen. p. 111); denn z. B. im Eunuchus, in der Hecyra u. A. sind die Rollen des Eunuchus und der Hecyra nicht die Hauptpersonen im Stücke. Allerdings trifft es bei andern Stücken zu, wie im Phormio, Heautontimorumenos (b. h. Menedemus), Curculio, Stichus, Pseudulus, Amphitruo, Miles glor., Epidicus, Mercator (b. h. Charinus); aber oft ist der Titel auch ein zufälliger oder hängt von äußeren Dingen ab, wie in folgenden Stücken des Plautus: Mostellaria,

---

*) S. Donatus in seinen praefationes zu den Terenzianischen Komödien. Außerdem die oben S. 8 angeführte Stelle des Euanthius p. 1684 u. Calphurnius prol. zu den Adelph.; endlich G. C. Schneider: Das att. Theaterwesen S. 141.

**) Das Nähere findet man bei Böttiger: de actoribus primarum secundarum et tertiarum partium; C. Beer: Ueber b. Zahl der Schauspieler b. Aristoph., Vorrede p. VIII. u. Einltg. S. 9; C. Fr. Hermann: de distrib. etc. p. 25 sqq.; Grysar: Allg. Schulztg. 1832, II. S. 361 ff.

Asinaria, Trinummus, Rudens, Aulularia, Cistellaria u. A. — Für die zweite Rolle in den Komödien könnte man vielleicht eine Schlußfolge vom Mimus auf die Komödie ziehen. In Betreff des Mimus nämlich sagt Horaz in der scherzhaften Schilderung des scurra oder parasitus (ep. I., 18, 10 ff.): sic iterat voces et verba cadentia tollit, ut — — credas partes mimum tractare secundas. Hieraus erkennt man, daß die Rolle des Parasiten im Mimus wohl in der Regel die zweite war. Auch in der Komödie trifft es sich, daß fast überall, wo ein Solcher auftritt, seine Rolle nicht die bedeutendste im Stück ist, so in den Bacch., Capt., Men., Mil. gl., Pers., Stich., Eunuch. u. Phormio; nur im Curculio des Plautus scheint der Parasit Curculio, wie er dem Stück den Namen giebt, so auch die erste Rolle darin zu spielen.

Daß auch die cantica bei Abschätzung der Rollen in Betracht kommen, hat schon Grysar (Allg. Schulztg. 1832, II., S. 326) bemerkt; denn jedenfalls sind diese Partien die schwierigsten für den Schauspieler*). Während nämlich der Schauspieler da, wo gesprochen wurde, Gestikulation und Vortrag vereinigen konnte, trat in den lyrischen Partien eine solche Steigerung des Ausdruckes ein, daß die erste in Tanz, der letztere in Gesang überging**). Hier wurde Beides von einander getrennt und verschiedenen Kräften übertragen; ein Sänger trug ruhig dastehend die Worte vor, die der Schauspieler, dem sie eigentlich zukommen sollten, in stummem pantomimischem Tanz ausdrückte. Daß hiezu erhöhte Kunst gehörte, versteht sich von selbst und wir finden, daß in der Regel die Hauptpartien dieser cantica entweder der Hauptrolle allein oder doch den vorzüglichsten Personen der Stücke zufallen***).

---

*) Hauptstelle: Livius VII., 2. — G. Hermann: de cantico in Romanorum fabulis scenicis, opusc. I., 290 ff.; G. A. B. Wolf: de canticis in Romanorum fabulis scenicis, Hal., 25; Grysar: Ueber das canticum u. den Chor in der röm. Trag.; Friedländer: Darstellungen aus der Sittengeschichte Roms II., S. 274. —

**) Während bei Plautus die cantica durch das Metrum kenntlich sind, pflegen sie bei Terenz dasselbe Metrum wie die Diverbia und die blos gesprochenen Monologe zu haben; daß in diesen Stücken überhaupt cantica vorkommen, erfahren wir durch Donatus, der an verschiedenen Stellen in seinem Kommentar zu Terenz angiebt, daß besonders zahlreiche und beliebte cantica in diesen Stücken sind.

***) Doch nehmen auch ganz untergeordnete Personen bisweilen, wenn

So haben wir wohl einige Anhaltspunkte, wonach sich die einzelnen Rollen der Stücke ordnen lassen, allein eine sichere Reihenfolge läßt sich nur da feststellen, wo wir sie durch Donatus kennen. Im Uebrigen gehört diese Frage nur nebenbei zu unserer Hauptaufgabe, der Feststellung der zu jedem Stücke nöthigen kleinsten Schauspieleranzahl, womit wir im Folgenden uns beschäftigen werden*).

auch nur mit wenigen Worten, an diesen canticis Antheil, so z. B. in den Capt. II., 1 der lorarius; IV., 2, 11 Ergasilus; in der Most. IV., 1 Phaniscus; in der Cas. II., 1, 4; III., 5; V., 1 Pardalisca mit wenigen Worten; in der Cist. IV., 2 Lampadiscus u. Phanostrata u. s. w. Doch ist das, was diese Personen dazwischen sprechen, zu wenig, als daß es zum canticum gerechnet werden könnte.

*) Daß lückenhafte u. defekte Stücke, wie Aulularia, Bacchides u. einige andere kein auch nur relativ sicheres Resultat erwarten lassen, ist klar. Sie werden daher im Folgenden nur der Vollständigkeit halber mit eingereiht werden. Der Querolus bleibt natürlich unberücksichtigt.

II.

Amphitruo.

Obwohl in dieser Komödie nie mehr als drei Personen zugleich redend und handelnd eingeführt werden (denn II., 2 beobachtet die vierte anwesende Person, die Dienerin Thessala, ein auffallendes Stillschweigen), und obwohl im ganzen Stück verhältnißmäßig wenig Rollen vorkommen, so waren doch zu seiner Aufführung mindestens fünf Schauspieler nöthig. Denn die Personen, welche die Hauptrollen im Stück haben (Amphitruo, Jupiter, Sosia u. Mercurius) treffen alle unter sich auf der Bühne zusammen und sind den größten Theil des Stückes hindurch handelnd zugegen. Auch Alcmena, welche nur in der ersten Hälfte des Stückes spricht, dann wegen ihrer Niederkunft nicht mehr auftritt, kommt mit allen Personen, außer mit Blepharo und Bromia, zusammen. Deshalb erfordert Amphitruo, welcher mit allen Personen ein oder mehrere Male zusammentrifft, seinen eigenen Schauspieler. Jupiter trifft nur mit Bromia nicht zusammen, aber im fünften Akte folgen beide so rasch auf einander, daß auch Jupiter keine andere Rolle nebenbei übernehmen konnte. Sosia, Mercurius und Alcmena treffen wohl Alle unter sich, aber nie mit Blepharo und Bromio zusammen. Blepharo ist nur in der Mitte des Stückes zugegen, Bromia gegen das Ende. Da die weibliche Rolle besser für den Schauspieler der Alcmena zu passen scheint, so mag dieser auch die Bromia übernommen haben. Blepharo, der Freund des Amphitruo, fällt am besten dem Darsteller des Sosia zu, da dieser vom dritten Akte an nicht mehr auftritt und gerade dann Blepharo erscheint. Die stumme Rolle der Thessala brauchte natürlich nicht von einem eigentlichen Schauspieler gespielt zu werden. Im Uebrigen befindet sich zwar in der Mitte des Stückes eine Lücke, allein aus dem ganzen Verlaufe sieht man, daß darin keine andern Personen aufgetreten sein können, als die, welche vor- und nachher zugegen sind. So lassen sich also alle Rollen dieser Komödie von fünf Schauspielern bequem übernehmen*).

Asinaria.

Von den zehn Personen, welche hier redend eingeführt werden, sind fünf am Ende des Stückes zugleich auf der Bühne: Argurippus, Demaenetus, Parasitus, Philenium und Artemona. Diese fünf sind also jede Einem Schauspieler zuzutheilen. Jeder dieser dazu nöthigen Männer kann aber noch eine oder zwei der übrigen Rollen übernehmen. Argurippus nämlich trifft nirgends mit dem im zweiten Akte auftretenden Mercator und mit dem im vierten Akte anwesenden Diabolus zusammen. Demaenetus ist nur am Anfang und gegen Ende des Stückes zugegen, während andere Rollen, wie Leonida, Mercator, Diabolus nur in der Mitte des Stückes aufzutreten haben; Demaenetus kann also eine oder zwei dieser Rollen übernehmen. Der Parasit tritt mit seinem Herrn erst im vierten Akte auf; so kommt er also nie mit Libanus, dem Sklaven des Argurippus, welcher am Ende des dritten Aktes von seinem Herrn entfernt wird und nicht mehr auftritt, zusammen**). Philenium, der Gegenstand der Liebe des Argurippus und des Diabolus, ist wenig auf der Bühne; doch trifft sie mit Allen, außer dem mercator und Diabolus zusammen. Endlich Artemona kommt nur Einmal am Ende der Komödie hervor; sie konnte also von demselben Schauspieler, der am Anfang die Cleaereta gespielt hatte, dargestellt werden. Wenn also der Hauptschauspieler im I., IV. u. V. Akte den Argurippus, im II. den mercator (der übrigens auch einem Andern zufallen konnte), im IV. den Diabolus, der Zweite den Parasiten und den Libanus nach einander, der Dritte den Demaenetus im I. u. IV. Akte, den Leonida im II. u. III. Akte; der Vierte Artemona und Cleaereta, endlich der Fünfte, unbedeutendste, die Philenium spielte, so waren die Rollen unter fünf Kräfte naturgemäß vertheilt. Die stummen Personen des Stückes (pueri), werden später be-

---

*) Die Uebersicht der vorgeschlagenen Rollenvertheilung in diesem und den folgenden Stücken befindet sich im Anhange.

**) Ueber den innern Zusammenhang der zusammenfallenden Rollen in diesem Stücke ist oben S. 16 gesprochen.

sprochen werden. Die Lücke, die auch diese Komödie zwischen der ersten und zweiten Scene des IV. Aktes hat, erregt keinen Zweifel über die Rollenvertheilung, da darin keine neuen Personen aufgetreten sein können.

Aulularia.

In dieser Komödie kann die Zahl der dazu nöthigen Schauspieler nicht festgestellt werden, da sie in der Mitte plötzlich abbricht, und man also nicht wissen kann, wie die Personen des Stückes noch mit einander zusammentreffen sollten. Jedoch ist soviel zu erkennen, daß weniger als vier oder fünf Schauspieler zur Uebernahme der zehn darin vorkommenden Rollen nicht hingereicht haben können. Die Hauptrolle ist die des Euclio, der in den uns erhaltenen Scenen fast durchweg auf der Bühne ist.

Bacchides.

Zwar ist der Anfang dieser Komödie verloren gegangen, allein wir erkennen aus den Fragmenten desselben, wer hier aufgetreten ist, nämlich die beiden Bacchides, der Soldat Cleomachus in Begleitung eines Sklaven (puer), und Pistoclerus. Die beiden Schwestern treffen wir auch da, wo das Stück geordnet zu werden anfängt, im Gespräch mit Pistoclerus zusammen auf der Bühne. Cleomachus tritt erst im IV. Akt wieder auf, wo er mit Nicobulus und Chrusalus zusammentrifft. Da die zwei Bacchides nur am Anfang und am Ende des Stückes zugegen sind, so konnten dieselben zwei Schauspieler mittlerweile bequem andere Rollen übernehmen, und zwar der eine den Chrusalus, den Sklaven des Nicobulus, der andere den Mnesilochus, die beide nur im II. u. III. Akt zugegen sind. Die Rollen des Pistoclerus und seines Vaters Philoxenus, die auffallender Weise nie mit einander zusammentreffen (s. S. 9), konnten wieder Einem Schauspieler zufallen, und zwar so, daß er im I., II. u IV. Akt den Pistoclerus, im III. u. V. den Philoxenus spielte. Aehnlich wechseln im Stück die Rollen des Cleomachus und des alten Pädagogen Ludus mit einander. Endlich kann Nicobulus den am Beginne des IV. Aktes sprechenden Parasiten übernehmen, da hier zwei sehr lange und eine kurze Scene zwischen den Abgang des Ersteren und das Auftreten des Letzteren fallen. Die Rolle des servus zu Anfang des Stückes scheint zu unbedeutend, als daß sie von einem Schauspieler gespielt werden müßte. Sie gehört wahrscheinlich zu den pueri und lorarii, welche im Stücke sonst vorkommen. So konnte auch diese Komödie von fünf eigentlichen Schauspielern aufgeführt werden; weniger anzunehmen, erlaubt die Oekonomie des Stückes nicht, obwohl vier Personen nur Einmal (V., 2) zugegen sind, fünf nie zugleich auftreten; mehr als fünf Schauspieler aber waren nicht nöthig.

Captivi.

Die sieben Rollen dieser in ihrer Anlage sehr einfachen Komödie scheinen von vier Personen übernommen worden zu sein. So viele sind auch in der Schlußscene zusammen auf der Bühne. Die Hauptrolle ist ohne Zweifel die des alten Hegio, welcher von Anfang bis zu Ende fast ununterbrochen handelt und mit jeder der übrigen Personen ein oder mehrere Male zusammentrifft. Er kann also keine Rolle außer der seinigen übernehmen. Die beiden captivi, Philocrates und sein Sklave Tyndarus sind nicht immer zugegen. Da Philocrates am Ende des II. Aktes seine Reise nach Elis antritt und im V. Akt von derselben zurückkehrt, so konnte unterdeß derselbe Schauspieler den Aristophontes, der den Betrug des Tyndarus im III. Akt entdeckt, darstellen. Tyndarus wird am Ende des III. Aktes zur Strafe für seine List an den Ort seiner Qualen abgeführt und erst in der letzten Scene des Stückes wieder gebracht. Inzwischen tritt Philopolemus, des Philocrates' Bruder auf; daher konnte Tyndarus und Philopolemus von Einem Schauspieler übernommen werden. Endlich ist noch der schnurrige Parasit Ergasilus und der verschmitzte Sclave Stalagmus für den vierten Schauspieler übrig; ersterer tritt zu wiederholten Malen auf; letzterer nur im V. Akt, wo der Parasit nicht mehr vorkommt. Der puer, welcher am Schlusse des IV. Aktes einen Monolog auf der Bühne hält, kann, da er mit keiner der im Uebrigen spielenden Personen zusammentrifft, von Diesem oder Jenem dargestellt werden; jedoch ist auch möglich, daß er, da seine Rolle eine ganz unbedeutende ist, unter dieselbe Kategorie gehört, als die im Stücke einige Male auftretenden lorarii.

Casina.

Hier kommen ebenfalls nur sieben eigentliche Rollen vor und doch sind zur Uebernahme derselben zum mindesten fünf Schauspieler nöthig. Dieß sieht man schon aus der letzten Scene des Stückes, wo außer einigen untergeordneten Nebenrollen folgende fünf Personen zugegen sind: Olympio, Stalino, Chalinus, Cleostrata und Murrhina. Diese erfordern fünf Schauspieler, da sie auch in den übrigen Theilen des Stückes die Hauptrollen haben. Im III. Akt tritt Alcesimus auf; in verschiedenen Scenen, durch einen großen Theil des Stückes vertheilt, Pardalisca. Ersterer kann leicht von dem Schauspieler der Murrhina dargestellt werden, da diese blos im II. und letzten Akte auftritt. Zwar trifft Alcesimus auch mit Pardalisca nicht zusammen, allein III., 5 stürzt Pardalisca aus dem Hause heraus, in demselben Augenblick, wo Alcesimus abgetreten war; da auch Olympio die Rolle der Pardalisca nicht übernehmen kann und sie mit den übrigen zusammen auf der Bühne zu sprechen hat, so bleibt nur übrig, daß Chalinus die Rolle der Pardalisca noch übernimmt. Dieß ist auch möglich, da beide nie zusammentreffen und im II. Akt, worin beide auftreten, zwei lange Scenen zwischen der letzteren Abgang und des ersteren Auftreten fallen; ebenso ist es im V. Akt. Auch scheint dieser Schauspieler für weibliche Rollen besonders geeignet gewesen zu sein, da ja selbst Chalinus IV., 4 als Braut verkleidet auf die Bühne geführt wird. — Außer diesen Rollen, die also von fünf Schauspielern übernommen werden können, spricht noch ein coquus (III., 6) in Einer Scene mit Olympio und Stalino. Seine Rolle, wie die der beiden ancillae (IV., 4 u. V., 4), brauchen nicht von eigentlichen Schauspielern gespielt zu werden, da sie alle nur wenige Worte zu sprechen haben. Die Hauptrollen des Stückes sind Stalino und Olympio; jedoch läßt sich zwischen beiden nicht leicht über den Vorrang entscheiden.

Cistellaria.

Diese Komödie, die sich durch verhältnißmäßig viele weibliche Rollen vor allen übrigen auszeichnet, kann im Nothfall von drei

Schauspielern aufgeführt werden, ohne daß eine Störung einzutreten hat. Mehr als drei Personen treten nie auf und die Rollen des Stückes sind alle von sehr geringem Umfang. Gehen wir von der 1. Scene des I. Aktes aus, wo Silenium. Gymnasium und die lena zugegen sind, so können wir unter diese drei Personen alle übrigen Rollen vertheilen. Silenium tritt nur am Anfang des Stückes und in der Mitte einmal auf; Gymnasium und die alte lena nur Einmal zu Beginn des Stückes. Dagegen trifft keine dieser drei mit Phanostrata, Lampadiscus und Halisca zusammen. Von diesen letzteren drei Rollen kann also jeder der drei zu den ersteren nöthigen Schauspieler eine übernehmen. Die noch übrigen drei Rollen des Stückes sind sehr untergeordnete; Melaenis tritt nur zweimal auf, wo sie mit Silenium, Phanostrata und Lampadiscus zusammenkommt; auch Alcesimarchus tritt nur in zwei Scenen auf; endlich Demipho kommt nur Einmal in der kurzen Schlußscene zum Vorschein. Wenn man die Rolle des Letztgenannten als eine wirklich von einem Schauspieler zu übernehmende gelten läßt, so muß einer der drei Schauspieler, die zu den übrigen Rollen nöthig sind, vier sehr unbedeutende Rollen nach einander übernehmen, da der, welcher den Lampadiscus und Silenium oder eine andere Rolle übernahm, blos zwei Rollen spielen kann. Es wäre also die Vertheilung der Rollen etwa folgende: 1) Lampadiscus, wahrscheinlich die Hauptrolle, und Silenium; 2) Alcesimarchus, Gymnasium und Phanostrata; 3) Lena, Melaenis, Halisca, Demipho. — Der Gott Auxilium, der nach dem I. Akt eine ganz eigene Rolle zu spielen hat, wird mit den Personen, welche in andern Stücken den Prolog zu sprechen haben, gleich zu stellen sein und wird mit diesen weiter unten besprochen werden.

Curculio.

Die Vertheilung der Rollen in diesem Stück erfordert mehr Umsicht, als die im vorigen, da hier die Scenen verwickelter sind und die Personen mehr durch einander vermengt auftreten. Zwar sind nie mehr als vier Personen zugleich auf der Bühne, aber gegen das Ende der Komödie hin sind zweimal nacheinander vier zugegen, welche fünf Schauspieler erfordern; drei nämlich bleiben in beiden

Scenen dieselben; anstatt des Curculio aber tritt der leno Cappadox auf; beide kommen auch (IV., 2) einmal auf der Bühne zusammen. Diese fünf Schauspieler können auch die übrigen Rollen noch übernehmen. Die Haupt- und Titelrolle dieses Stückes, die höchst komische Figur des Parasiten Curculio, tritt zwar erst lang nach Beginn des Stückes auf, bleibt aber von da an der Mittelpunkt fast aller Scenen. Er, sowie der leno Cappadox, der gleichfalls eine bedeutende Rolle hat, sind also im I. Akt nicht zugegen. Ebendort tritt die alte Leaena auf; dieses trunkene Weib gut zu spielen ist jedenfalls eine schwierige Aufgabe, und des Darstellers des Curculio oder des Cappadox nicht unwürdig. Palinurus, der Sklave des Phaedromus, ist nur in den ersten drei Akten auf der Bühne; er konnte also später den Wechsler Luco oder den erst am Ende auftretenden Therpontigonus spielen; mit allen übrigen Personen trifft er auf der Bühne zusammen. Geben wir die Rolle des Palinurus und des Therpontigonus Einem Schauspieler, so bleibt Luco für den des Phaedromus, der ihn auch leicht übernehmen kann. Endlich sind noch Planesium zu Anfang und Ende des Stückes und der nur Einmal im II. Akt auftretende coquus übrig. Da erstere mit allen Personen, außer mit Luco und dem Koch, zusammenkommt, so kann ihr Darsteller, wenn der des Phaedromus die Rolle des Luco übernimmt, nur noch die des coquus spielen, wenn dieser nicht von einem unbedeutenden Statisten gegeben wurde. Jedenfalls reichen fünf Schauspieler zur Uebernahme der neun Rollen unserer Komödie aus. — Der choragus, welcher zwischen dem III. u. IV. Akte spricht, gehört natürlich nicht zu den Schauspielern*).

---

*) Warum er gerade in diesem Stücke, sonst nirgends, auftritt, ist nicht zu erkennen. Der Inhalt seiner Rede ist vertrauliche Mittheilung an die Zuschauer. Am Anfang spricht er über Curculio, der eben abgegangen ist. Aus dem, was er dann im Scherz sagt: ornamenta, quae locavi, metuo ut possim recipere. Quamquam cum istoc mihi negotii nihil est (ipsi Phaedromo credidi), tamen adservabo, ersieht man, daß der choragus die Kostüme und was zur Inscenirung gehört, hergeliehen hat; ferner, daß nicht der Schauspieler des Curculio der dominus gregis zu sein scheint, sondern der, welcher die Rolle des Phaedromus übernimmt; denn wie wäre zu verstehen: quamquam cum istoc mihi negotii nihil est (ipsi Phaedromo credidi)?

Epidicus.

Unter gewissen Umständen sind zur Aufführung dieser Komödie vier Schauspieler genug; die Vertheilung der Rollen muß dann auf folgende Weise stattfinden: Der erste Schauspieler übernimmt die Hauptrolle, die des Epidicus; als solcher ist er von Anfang bis zu Ende auf der Bühne, nur in der Mitte des Stückes (III., 2) geht er nach dem forum ab und kehrt erst am Anfang des V. Aktes wieder von da zurück; während des IV. Aktes also kann er die Rolle der alten Philippa spielen. Dem zweiten Schauspieler fällt die Rolle des Periphanes zu; da aber dieser im ganzen I. Akte nicht vorkommt, und ebendort Thesprio zu sprechen hat, der eine Art πρόσωπον προτατικὸν ist (s. oben S. 10), so kann derselbe Schauspieler beide Rollen nacheinander geben. Wie schön Stratippocles, welcher als Soldat am Anfang des Stückes vom Feldzug heimkehrt, und der andere Soldat, sein Nebenbuhler bei demselben Mädchen, zusammenpassen, ist schon oben S. 16 dargethan worden. Die noch übrigen Rollen sind Chaerebulus zu Anfang der Komödie und im III. Akt, Apoecides im II., III. u. V. Akt, und der nur Einmal (V., 1) auftretende Wechsler (Danista). Die beiden Erstgenannten treten zwar im III. Akt unmittelbar hinter einander auf; allein da die Bühne nach dem Abgange des Chaerebulus (III., 2) leer ist, so ist zu glauben, daß hier eine Pause zwei Akte von einander getrennt habe, eine Annahme, die bei der in den alten Ausgaben willkürlichen Eintheilung nach Akten jedenfalls berechtigt ist. Wenn dieß so war, so steht auch der Uebernahme der Rollen des Chaerebulus und des Apoecides durch Einen Schauspieler Nichts im Wege. Der Wechsler spielt eine so unbedeutende Rolle, daß er wahrscheinlich, wie auch die beiden getrennt auftretenden Mädchen, die eine virgo bezeichnet (V., 1), die andere fidicina (III., 4 u. IV., 2), von keinem eigentlichen Schauspieler gegeben zu werden brauchte. Endlich sind auch mehrere ganz stumme Personen im Stücke anwesend.

Menaechmi.

Man könnte hier einen Augenblick versucht werden, die Rollen der beiden Brüder, die sich ja einander möglichst ähnlich sein müssen, ein und demselben Schauspieler zuzutheilen. Allein dagegen spricht erstens, daß Beide Einmal, in der Schlußscene, auf der Bühne zusammentreffen. Aber auch, gesetzt daß in dieser einzigen Scene der eine von den Zweien von einer andern Person dargestellt worden wäre, so müßten wir zweitens Bedenken tragen, einem einzigen Menschen zuzutrauen, er solle das ganze Stück hindurch in siebenzehn Scenen nicht nur Eine, sondern zwei der schwierigsten Rollen spielen. Endlich, wie wäre es möglich, daß das Publikum dann die beiden auseinander hielte? Durch ein kleines Unterscheidungszeichen? Das wäre den Meisten entgangen und hätte Verwirrung verursacht; auch hätte es wohl in einem Worte angedeutet werden sollen. Oder durch eine größere Verschiedenheit im Aeußeren? Dann wäre unerklärlich, wie die Verwechselung der Beiden sogar von Seite ihrer nächsten Angehörigen hat geschehen können. Kurz, die beiden Menaechmi sind zwei verschiedenen Schauspielern zu geben, wie im Amphitruo die Rollen des Jupiter und des Amphitruo, des Mercurius und des Sosia von einander getrennt werden mußten. Das aber kann geschehen, daß Einer oder der Andere noch eine Nebenrolle übernahm. Nun kommt aber der eine von Beiden (Men. I.) mit allen Personen außer mit der ancilla und dem Koch Culindrus auf der Bühne zusammen, und dieß sind doch keine Nebenrollen für den Künstler des Menaechmus. Men. II. kann den Arzt, welcher am Anfang des V. Aktes vorkommt, übernehmen, da er selbst erst wieder in der letzten Scene auftritt und drei ganze Scenen dazwischen liegen. Ferner können die beiden einander so ähnlichen Rollen des Messenio und des Peniculus zusammen von Einem gespielt werden; denn der Erstere spricht nur im II. und V. Akt; der Andere gerade in den Akten, wo Jener fehlt. Die drei weiblichen Rollen der Komödie: Erotium, dann deren Dienerin (ancilla) und die Frau des einen Menaechmus (matrona) können nicht von Einem Schauspieler gegeben werden, da V., 2 nach dem Abgange der matrona ohne Verzug Erotium aufzutreten hat (s. besonders V., 2, v. 115 f.). Man muß sie also trennen, und kann dann dem Schauspieler der Erotium den senex zu Anfang des V. Aktes, dem der ancilla und matrona den Culindrus ganz gut noch übergeben. — So sind, obwohl im Stück nie mehr als drei Personen zugleich auf der Bühne sind, zur

Uebernahme sämmtlicher sprechenden Rollen doch zum wenigsten fünf Schauspieler nöthig, welche sich auf die oben angegebene Weise in die Rollen theilen können. Unter die Zahl fünf herabzusteigen, verbietet die Anlage des ganzen Stückes, besonders der letzte Akt.

Mercator.

Die neun redenden Personen dieser Komödie lassen sich leicht an vier Schauspieler vertheilen. Dieses Minimum ist anzunehmen sowohl wegen IV., 4, wo vier Personen zugleich auf der Bühne sind, als auch deßwegen, weil von den vier Hauptrollen (Charinus, Eutychus, Demipho und Lysimachus) keine zwei von Einem gespielt werden konnten. Die untergeordneteren Rollen, die des Acanthio im I. Akt, der Pasicompsa im III., der Dorippa, der Syra und des coquus im IV. Akt, lassen sich auf verschiedene Weise mit den vier ersten combiniren, z. B. so, daß Charinus, welcher im ganzen IV. Akt nicht erscheint, den coquus oder die Dorippa oder Syra, Eutychus eine dieser drei Rollen nebst der Pasicompsa, Demipho ebenfalls eine jener nur im IV. Akte vorkommenden Personen, endlich Lysimachus den Acanthio übernimmt. — Charinus, der junge Liebhaber, zugleich Titelrolle des Stückes, da er nach zweijähriger Handelsreise, als mercator, heimkehrt, scheint die Hauptrolle zu spielen; er spricht auch den Prolog, und hat das einzige canticum im Stück (II., 3).

Miles gloriosus.

Dieses Stück zeichnet sich schon äußerlich durch die Menge der Personen, die in ihm vorkommen, aus. Abgesehen von servi, satellites, lorarii, die hier eingeführt werden, sind zwölf Rollen im Stücke. Für diese reichen fünf Kräfte aus. Zwar ist die höchste Zahl derer, welche zur selben Zeit auf der Bühne sich befinden, vier; allein im letzten Akte drängen sich häufig drei und vier Personen; außerdem läßt sich auch die Rollenvertheilung unter weniger als fünf Schauspieler nicht vornehmen. Pyrgopolinices kommt mit allen Personen, außer mit Lucrio zusammen, welcher nur Einmal (III., 2) auftritt; da nun Ersterer im II. und III. Akt fehlt, so

kann er auch als Lucrio auftreten. Die Rollen Pleusicles und
Sceledrus sind so durch das Stück vertheilt, daß Ein Schauspieler
im II. und III. Akt den Sceledrus, im III. und IV. den Pleusicles
spielen kann; derselbe konnte auch noch den nur Einmal zu Anfang
der Komödie auftretenden Parasiten Artotrogus übernehmen; obwohl
Letzterer auch von einem Andern gegeben werden kann, da außer
Pyrgopolinices und Artotrogus im ersten, dem Prolog voraus=
gehenden Akte Niemand auftritt. Der dritte Schauspieler kann
in der Mitte des Stückes den Palaestrio und am Ende den Cario
spielen. Acroteleutium und Philocomasium können wiederum
Einem Schauspieler zufallen. Die dritte weibliche Rolle, Milphippida, muß von einem Andern gegeben werden, da sie mit
Acroteleutium zusammentrifft. Dieser fünfte Schauspieler hatte
noch im II., III. und V. Akt den Periplecomenus zu übernehmen,
was dadurch möglich wird, daß III., 3 Milphippida nur als
stumme Person zugegen ist und von einem Andern dargestellt werden
kann (s. S. 15). Es bleibt noch übrig die Rolle des Sclaven (puer),
der sehr wenig zu sprechen hat. Er kann entweder von Einem aus
der Zahl des untergeordneten Personals gegeben werden, oder auch
von dem Schauspieler der Milphippida und des Periplecomenus,
da zwischen des Letzteren Weggang (III., 6) und des puer Auf=
treten (III., 9) zwei lange Scenen fallen. So können sich also
fünf Personen vollständig in die vorhandenen Rollen theilen, wobei
die Möglichkeit einer andern Kombinirung nicht ausgeschlossen bleibt.

Mostellaria.

Auch hier treten außer vielen servi, apparitores u. s. w.
zwölf handelnde Personen auf. Fünf davon sprechen zu gleicher
Zeit II., 1; in derselben Scene kommt noch ein Sechster in Be=
tracht, der puer*), welcher nur einige Worte spricht und keinen
eigentlichen Schauspieler braucht. Tranio, die Hauptrolle des Stückes,
ist von Anfang des II. Aktes an bis zu Ende auf der Bühne thätig;
er kann aber noch im I. Akte die nur Einmal (I., 3) auftretende

---

*) Vgl. was Fr. Fritzsche (quatuor leges scenicae etc. p. 29 f.)
über die Rolle des puer in dieser Scene sagt.

Scapha übernehmen. Der junge Philolaches ist nur im ersten Theile der Komödie zugegen; sein Vater Theopropides erscheint nach ihm und tritt bis an's Ende zu wiederholten Malen auf; beide Rollen können also Einem Schauspieler zufallen. Callidamates ist nur im II. und V. Akt zugegen, Philematium und Delphium nur zu Anfang des Stückes; die drei hiezu nöthigen Personen können auch die noch übrigen Rollen des Stückes übernehmen, und zwar so, daß der erstere seinen eigenen IV., 1 sprechenden advorsitor spielt; der, welcher Philematium war, im III. Akt der Wechsler Misargurides und im IV. Akt Phaniscus wird; endlich daß Delphium, Simo und Grumio, eine Art persona protatica (s. oben S. 10), dem fünften Schauspieler übergeben werden. Da es lauter kleine Rollen sind, so ist die Aufgabe, sie nacheinander zu spielen, gewiß für Einen nicht zu groß.

Persa.

Einfach ist die Feststellung der Schauspieleranzahl und die Vertheilung der Rollen in dieser Komödie. Für die erstere haben wir einen Anhaltspunkt in der 2. Scene des V. Aktes, wo fünf Personen zugleich auf der Bühne sind. Die Art der Rollenvertheilung wird dadurch erleichtert, daß nur acht Personen im Stücke spielen, und darunter einige sehr unbedeutende. Toxilus, der die erste Rolle spielt, ist fast im ganzen Stück zugegen und trifft mit allen Andern zusammen; er braucht also einen Schauspieler für sich allein. Sein Genosse Sagaristio trifft nur mit dem Parasiten Saturnio nicht zusammen. Beide Rollen erfordern aber ihre zwei Darsteller, da beide nicht unbedeutender Natur sind und häufig miteinander abzuwechseln haben. Saturnio kann aber die Lemniselene im II. und V. Akt, wo er selbst nicht auftritt, übernehmen. Dordalus, der leno, erscheint erst in der zweiten Hälfte der Komödie; er kommt mit allen Personen, außer mit der im II. Akt auftretenden Sophoclidisca, zusammen; diese beiden Rollen können also Einem Schauspieler zufallen. Für den fünften bleiben noch übrig Paegnium im II. und V. Akt, die virgo im III. und IV. Akt. — Die stummen servi gehören nicht zu den eigentlichen Rollen.

Poenulus.

Diese Komödie, in die späteren Lebensjahre des Dichters fallend*), zeichnet sich durch künstlerische Vollendung, durch feine Charakterschilderung und andere Vorzüge vor den übrigen Plautinischen Komödien aus. Auch in Bezug auf die Schauspieleranzahl merken wir, daß hier ein Schritt weiter gethan ist; denn zu ihrer Aufführung sind wenigstens sechs ordentliche Schauspieler nöthig, abgesehen von den zahlreichen Nebenrollen des Stückes. Gegen das Ende hin sind sieben sprechende Personen theils mit = theils nacheinander auf der Bühne**). Da aber die eine davon, Milphio, bald weggeht (V., 3, 7), so kann derselbe Schauspieler am Anfang der 5. Scene, nach einem Zwischenraum von 138 Versen, als Anthemonides verkleidet auftreten. In diesem Falle reichen sechs Schauspieler für die Rollen: Agorastocles, Hanno, Lycus, Adelphasium, Anterastylis, Anthemonides und Milphio aus. Einzeln durch das Stück zerstreut kommen noch vor: Collybiscus, der von Milphio als Poenulus verkleidet wird, im III. Akt, Syncerastus Einmal im IV. Akt, die alte Giddimene (V., 3) mit dem puer, der sie als seine Mutter wieder erkennt, und mehrere advocati im III. Akt, von denen jedoch nur Einer viel zu sprechen hat. Die stummen advocati, sowie jener puer, der nur zwei punische Worte hervorbringt, eine ancilla und Andere gehören nicht unter die Rollen der eigentlichen Schauspieler. Collybiscus, Syncerastus und der sprechende advocatus lassen sich von diesem oder jenem der sechs Schauspieler übernehmen. Hanno z. B. tritt am Ende des Stückes auf; dieser Schauspieler kann also zuerst den Collybiscus, dann den Syncerastus, endlich den Hanno geben. Die beiden Mädchen, Adelphasium und Anterastylis sind nur anfangs und zuletzt sichtbar; auch sie können in der Mitte des Stückes als andere Personen auftreten. Diese sechs hier zu verwendenden Schauspieler brauchten keineswegs alle wahre Künstler zu sein, denn von sehr untergeordnetem Range sind z. B. die Rollen des Hanno,

---

*) S. H. Bähr: Gesch. der Röm. Ltr. I., S. 161.
**) Ueber die doppelte Schlußscene S. Th. Hasper: de Poenuli duplici exitu, Lips. 1868.

der Adelphasium und der Anterastylis. Ueber die Rangordnung unter den Hauptrollen läßt sich schwer entscheiden.

Pseudulus.

Zwar treten hier nie mehr als drei Personen zugleich auf; aber doch läßt sich mit drei Schauspielern nicht auskommen. Gleich zu Anfang nämlich kommen fünf Personen nacheinander auf die Bühne, so daß man gezwungen ist, entweder ebensoviele Schauspieler anzunehmen oder, wenn man sparsam sein will, doch vier, in welch' letzterem Fall der Schauspieler des Caludorus, der gegen Ende der 3. Scene des I. Aktes weggeht, nach einem längeren dazwischen fallenden Monologe des Pseudulus, als Simo aufzutreten hat. Pseudulus, die Hauptrolle des Stückes, fehlt nur im III. Akt; ebendort tritt ein puer und ein coquus sprechend auf. Dieser Schauspieler kann also eine dieser beiden Nebenrollen noch übernehmen, wahrscheinlich die des coquus, da seine äußere Erscheinung nach der Beschreibung von Pseudulus (IV., 7, v. 118 ff.) für den puer schwerlich gepaßt hat. Der leno Ballio kann im II. Akt, wo er nicht auftritt, den Charinus darstellen. Calliphon, Harpax und Simmia folgen in den einzelnen Theilen der Komödie so aufeinander, daß Eine Person im Anfange den nur in Einer Scene sprechenden Calliphon, dann im II. Akt und gegen das Ende des Stückes den Harpax, und während dieser im Wirthshaus sich erholt, den Simmia spielen kann. Der puer bleibt, da ihn Pseudulus nicht zu übernehmen braucht, dem Darsteller des Simo und Caludorus, von denen keiner im III. Akt auftritt. So lassen sich die zehn eigentlichen Rollen des Stückes unter vier Schauspieler beliebig vertheilen. — Von der Rolle des Kupplers Ballio in unserem Stück erfahren wir, daß sie eine Lieblingsrolle des großen Komikers Roscius gewesen sei (Cic. pro Roscio com. VII.; cfr. Grysar: Allg. Schulztg. 1832, II. S. 369.). —

Rudens.

Wie im Poenulus, so reichen auch im Rudens fünf Schauspieler für sämmtliche Rollen, wobei natürlich die lorarii, stummen piscatores u. A., ausgeschlossen sind, nicht hin. Die sechs bedeutenderen

Rollen des Stückes erscheinen alle im III. Akt entweder mit- oder kurz nacheinander, so daß zwei derselben von Einem Schauspieler nicht dargestellt werden konnten. Die Nebenrollen sind alle so vertheilt, daß sie einzelnen Repräsentanten der Hauptrollen, die ja doch nicht durch das ganze Stück hindurch thätig sind, zukommen konnten. So konnte die Priesterin der Venus, Ptolemocratia, welche nur in Einer Scene des I. Aktes zugegen ist, von Labrax oder Trachalio, welche beide hier nicht erscheinen, übernommen werden. Der Sclave Sceparnio ist nur in wenigen Scenen des I. und II. Aktes gegenwärtig. Da er aber hier mit Charmides, Plesidippus, Daemones, Ampelisca und Labrax zusammentrifft, so bleiben nur noch die Schauspieler des Trachalio und der Palaestra übrig als solche, welche die Rolle des Sceparnio noch hinzunehmen konnten. Trachalio und Sceparnio folgen aber in der 3. und 4. Scene des II. Aktes unmittelbar auf einander, so daß Personenwechsel nicht stattfinden kann. Sceparnio und Palaestra treten zwar auch nach einander (I., 2 u. 3) ab und auf; allein hier ist es höchst wahrscheinlich, daß zwischen den beiden Scenen eine längere Zwischenzeit fiel, da Daemones und Sceparnio am Schlusse der 2. Scene die Bühne leer lassen und Palaestra's Auftreten in keinem Zusammenhang mit dem Vorhergehenden steht. Wenn hier keine Pause war, so müßte man für den Sceparnio einen siebenten Schauspieler annehmen. Desgleichen erfordern dann die beiden Mädchen, Ampelisca und Palaestra, welche während des ganzen III. und IV. Aktes theils stumm, theils redend zugegen sind, da erstere mit allen Personen, letztere ebenfalls, nur den Sceparnio ausgenommen, zusammentrifft, ihre eigenen Repräsentanten, obwohl diese dann keine schweren Rollen zu spielen haben. Die übrigen Rollen können folgender Maßen vertheilt werden: Die beiden Greise Charmides und Daemones können von Einem übernommen werden. Plesidippus, welcher mit allen Personen, außer mit Ptolemocratia und dem erst gegen Ende des Stückes auftretenden Gripus, zusammentrifft, kann letzteren darstellen, da er seit dem Auftreten des Gripus nicht mehr zu erscheinen hat. Derselbe Schauspieler kann auch den am Anfang des II. Aktes mit mehreren stumm bleibenden Genossen auftretenden piscator darstellen, welcher wahrscheinlich derselbe ist, der später Gripus genannt wird. Nur so konnten sich sechs Schauspieler in die Rollen dieser Komödie theilen.

Stichus.

Die ganze Anlage dieser Komödie ist einfach und hat Nichts von den Verwickelungen und Mannigfaltigkeiten der übrigen an sich. Die Personen treten hier mehr nach einander auf, so daß fast in jedem Abschnitte neue spielen; nie sind mehr als drei zugleich auf der Bühne. Wenn man daher das einmal angenommene Prinzip der Rollenvertheilung unter die möglichst geringe Schauspieleranzahl durchaus geltend machen wollte, so könnte man alle eilf Rollen des Stückes an drei Leute vertheilen, so daß zwei davon je vier, der dritte drei Personen darzustellen hätte. Allein dadurch entsteht eine übermäßige Anstrengung und Zersplitterung der Kräfte. Besser läßt sich die Vertheilung der Rollen auf folgende Weise unter vier Schauspieler durchführen: Pamphila und ihr im IV. Akt auftretender Gemahl Pamphilus, sowie auch Philumena und ihr Gatte Epignomus*) fallen je Einem Schauspieler zu (s. oben S. 9). Außerdem konnte der, welcher am Anfang des Stückes die Pamphila, im IV. Akt den Pamphilus spielte, im III. und V. die Rolle des Stichus geben, welcher im Ganzen nur wenig auftritt. Der Andere, welcher Philumena und Epignomus gab, konnte, da diese Beiden im letzten Theil nicht mehr vorkommen, hier noch die Rolle der Stephanium übernehmen. Der Parasit Gelasimus tritt zu Anfang und am Ende des Stückes nicht auf; dafür erscheint zuletzt der lustige Sclave Sagarinus, welcher mit Stichus und Stephanium tanzend und zechend das Stück beendet. Gelasimus und Sagarinus können also von Einem Schauspieler dargestellt werden. Endlich könnten zwar auch Antiphon, Pinacium und Crocotium von Einer Person gespielt werden; allein da Pinacium und Crocotium im II. Akt bald nach einander auftreten, so wird es besser sein, eine von beiden Rollen dem Schauspieler des Stichus zu seinen andern Nebenrollen noch

---

*) Diese vier Namen sind nach der Ausgabe von Fleckeisen (L. 59) (s. Fleckeisen's Note S. 233) angenommen, obwohl Epignomus nicht in das Metrum der Verse, wo der Name genannt wird, paßt. Für uns kann die Benennung übrigens gleichgültig sein.

zu übergeben. Doch lassen sich sämmtliche Rollen, da fast jeder Theil des Stückes seine eigenen Personen hat, auch auf andere Weise unter vier Kräfte vertheilen. — Gegen Schluß ist auch ein tibicen auf der Bühne, von welchem später die Rede sein soll.

Trinummus.

Im eigentlichen Stücke sind blos acht Rollen vorhanden: Luxuria und Inopia, welche zusammen den Prolog sprechen, werden später besprochen werden. Von jenen acht Rollen sind zwar nur in der Schlußscene vier zugleich auf der Bühne; doch sind vier Schauspieler für alle Rollen nicht genügend. Lesbonicus, Lusiteles und Stasimus kommen im Verlaufe der Komödie mit allen Personen, außer mit Megaronides und dem nur Einmal (IV., 2) anwesenden Sucophanta, zusammen; Charmides nur mit Megaronides und Philto nicht; Callicles kommt mit Allen, außer mit dem Sucophanta und Philto, zusammen. Lesbonicus, Lusiteles, Stasimus, Charmides und Callicles erfordern also ihre fünf besondern Schauspieler; die übrigen drei Rollen lassen sich unter diese leicht vertheilen; denn da z. B. Charmides im I. und III. Akt nicht zu spielen hat, so kann er den in eben diesen Theilen auftretenden Megaronides übernehmen; beßgleichen könnte Lesbonicus oder Lusiteles den Sucophanta, und Callicles den Philto darstellen.

Truculentus.

Ueber diese Komödie des Plautus endlich kann sich für unsere Untersuchung kein bestimmtes Resultat ergeben, da in der Mitte deßselben mehrere Scenen ausgefallen*) sind, und wir zwar wissen können, welche Personen darin aufgetreten, aber nicht, welche mit einander zusammengetroffen sein mögen. Vier Schauspieler aber sind das Minimum für unsere Komödie, da in der letzten Scene folgende Personen zugleich auf der Bühne sind: Stratophanes, Strabax, Astaphium und Phronesium. Die Hauptrolle ist, soweit uns das Stück erkennen läßt, nicht die des Stratullax, des trotzigen

---

*) S. A. Spengel, praef. ad Trin. p. V.

Dieners, dessen Betragen dem Stück den Namen gab, sondern entweder die des Diniarchus, des betrogenen Liebhabers der Phronesium, oder die der Astaphium, welche ihrer Herrin Phronesium getreulich beisteht, deren drei Liebhaber zum Narren zu haben. Cyamus, Callicles und Andere spielen untergeordnete Rollen.

Adelphi.

Die erste Komödie des Terenz, die wir zu behandeln haben, erfordert sechs Schauspieler zur Uebernahme der in ihr sprechenden Personen; denn obwohl nie mehr als vier Personen zugleich auf der Bühne sind, so kommen doch im IV. Akt rasch nacheinander zum Vorschein: Ctesipho, Syrus, Demea, Micio, Hegio, Aeschinus; auch gegen das Ende der Komödie treten fünf Personen auf; Hegio und Ctesipho erscheinen hier nicht mehr, dafür aber Geta, der schon im III. Akt thätig war. Da Hegio und Geta Einmal (III., 4) zusammentreffen, so bleibt die Rolle des Geta dem Schauspieler des Ctesipho übrig, der also im II. und IV. Akt als Ctesipho, im III. und V. Akt als Geta zugegen ist. Von den fünf andern Schauspielern kann der des Aeschinus, der im III. Akt nicht zu erscheinen hat, die Canthara spielen, der des Micio, der ebenfalls dort fehlt, die Sostrata, oder umgekehrt: jener die Sostrata, dieser die Canthara. Demea endlich, der in allen Akten, außer im II. vorkommt, kann dort den leno Sannio spielen. Pamphila wird nur hinter der Bühne gehört (III., 4, 40); der Sclave Dromo spricht (V., 2) nur wenige Worte. Von diesen zwei wird im Zusammenhang mit ähnlichen Erscheinungen später die Rede sein. Was die Rangordnung der einzelnen Hauptrollen betrifft, so sagt Donatus hierüber Folgendes (praefatio in Adelph.): In hac primae partes sunt, ut quidam putant, Demeae, ut quidam Syri. Quod si est, ut primas Syrus habeat, secundae Demeae erunt, tertiae Micionis, et sic deinceps. Quamquam etiam sunt, qui putant, primas Micioni dandas, secundas Syro tertias Demeae. Nam quod ait Terentius (prol. v. 23): Senes qui primi venient, non ad partes quas dicimus, sed ad ordinem pertinet exeuntium personarum. — Die zwei ersten Rollen spielten jedenfalls die aus den Didaskalien und aus Donatus auch sonst bekannten zwei Schauspieldirektoren L. Ambivius Turpio und L. Atilius Praenestinus, von denen hier Donatus (praef.) sagt: qui cum suis gregibus etiam tum personati agebant.

Andria.

Diese aus zwei Stücken des Menander zusammengeschmolzene Komödie erfordert ebenfalls für ihre Rollen sechs, wenn nicht sieben Personen. In den Schlußscenen treten sechs Personen so nacheinander auf, daß keine die Rolle der andern übernehmen kann; jedoch sind zusammen nie mehr als vier Personen auf der Bühne. An die sechs Hauptrollen also schließen sich die untergeordneten folgender Maßen an. Die Rolle des Sosia, der ein πρόσωπον προτατικόν ist (s. oben S. 10), kann mit Ausnahme des Schauspielers des Simo, mit dem Sosia spricht, von jedem Andern übernommen werden. Davus kommt nur mit Sosia nicht zusammen. Simo spricht mit Allen außer mit Charinus; beides aber sind Hauptrollen und V., 5 tritt Charinus sofort nach Simo's Abgang auf (abgesehen davon, daß in einem neuentdeckten exitus*) Beide in Einer Scene zusammentreffen). Charinus aber kann, da er im ganzen III. Akt fehlt, dort die Lesbia spielen. Chremes, der erst in der zweiten Hälfte des Stückes erscheint, konnte vorher den Sclaven Byrria spielen. Pamphilus trifft mit allen Personen, außer mit Lesbia und Sosia, zusammen; da er aber in demselben Akte, wo Lesbia spricht, selbst auftritt, so kann er höchstens die protatica persona übernehmen. Mysis, von welcher Donat. (ad Andr. IV., 3, 1) bemerkt, daß sie als weibliche Rolle gar nicht unbedeutend sei, kommt nur mit Sosia und Byrria nicht zusammen; ihr Darsteller mag also eine dieser beiden Rollen oder beide noch hinzugenommen haben, über deren Vertheilung wir ohnehin nicht verlegen zu sein brauchen. Für die Rolle des im IV. und V. Akt sprechenden Crito endlich muß ein

---

*) Schon bis jetzt waren zwei Schlußscenen der Andria bekannt. Herr Bibliothekassistent Dr. M. Zucker dahier hat im cod. Erlang. N. 300 einen neuen exitus dieser Komödie gefunden, in welchem außer Pamphilus, Charinus, Chremes und Davus, die in einem der beiden andern exitus auftreten, noch Simo vorkommt.

siebenter Schauspieler angenommen werden, da dieser mit Allen, außer mit Charinus, auf der Bühne zusammentrifft und Charinus in jenem Theile der Komödie selbst zu wiederholten Malen auftritt. Glycerium wird innerhalb des Hauses vernommen (III., 1, 15); der Sclave Dromo spricht nur zwei Worte (V., 2). — Ueber die Reihe, in der die Hauptrollen des Stückes auf einander folgen, läßt sich, da Donatus schweigt, nichts Bestimmtes angeben. Die bei der vorigen Komödie genannten zwei domini gregum führten nach der Didaskalie auch dieses Stück auf und werden selbst die Hauptrollen übernommen haben.

Eunuchus.

Auch diese Komödie enthält Bestandtheile aus zweien von Menander und in Folge davon treten viele Personen in ihr auf, so daß man zum Mindesten sieben Schauspieler dazu braucht. Und auch mit dieser Zahl reichen wir blos dann aus, wenn im letzten Theile der Komödie, wo neun Personen spielen, zwei möglichst rasch die Rollen wechseln. Alle diese, mit Ausnahme des Laches, sind auch in den vorhergehenden zwei oder drei Akten auf der Bühne und treffen zum großen Theil miteinander zusammen. Parmeno, der nach Donatus (praef.) die erste Rolle hat, ist in allen Theilen der Komödie zugegen; nur im IV. Akt fehlt er, wo er die Dorias gespielt zu haben scheint. Chaerea, nach Donatus Träger der zweiten Hauptrolle, kann ebenfalls keine andere Person mehr übernehmen, als die der Dorias. Phaedria, der die dritte Rolle im Stück spielt, fehlt im III. Akt, wo gerade Antipho zu sprechen hat; im V. Akt erscheint er ganz zuletzt noch einmal; drei Scenen vor seinem Auftreten spricht Laches; daher hindert Nichts, daß ein Schauspieler neben seiner Hauptrolle, Phaedria, die zwei ganz unbedeutenden, Antipho und Laches, noch übernimmt. Der Parasit Gnatho, der Soldat Thraso und die auch in diesem Stücke nicht ganz untergeordnete weibliche Rolle, Thais, kommen nur mit Antipho, Dorias und Laches nicht zusammen, Rollen, die sich auch sonst leicht Anderen zutheilen lassen. Gnatho, Thraso und Thais erfordern also für sich ihre eigenen Darsteller, die höchstens sich in die Nebenrolle des Antipho, Laches und der Dorias theilen können. Auch

die ancilla Pythias ist eine Rolle für sich allein, da sie außer mit
Antipho und Laches, mit allen übrigen Personen des Stückes
zusammenkommt, und letztere Beiden in denselben Theilen auftreten,
wo Pythias zu sprechen hat. Nun bleibt für einen achten Schauspieler noch die Rolle des Chremes übrig, wenn man nicht annehmen
will, daß dieser von dem Darsteller des Chaerea oder des Parmeno
oder endlich des Phaedria gegeben wurde, wozu möglichst schneller
und auch zu häufiger Personenwechsel nöthig gewesen wäre. Wie diese
bis jetzt aufgezählten Rollen und ihre Repräsentanten durchaus nicht
von gleicher Wichtigkeit sind, so folgen auch noch einige ganz untergeordnete Rollen, die wohl kaum von eigentlichen Schauspielern
dargestellt wurden, so die alte Amme Sophrona (V., 3), der Eunuch
Dorus (IV., 4), Sanga mit seinen drei Soldaten (IV., 7). Endlich
sind auch ganz stumme Personen im Stücke thätig, wie die Neger-
sclavin (III., 2) und ein anderes Mädchen (II., 2). So stufen
sich die in dieser Komödie sehr zahlreichen Rollen nach einander
ab. Nach der Didaskalie führten auch diese Komödie L. Ambivius
Turpio und L. Atilius Praenestinus mit ihrem Personal auf.

Heautontimorumenos.

Die Komposition dieser Komödie ist einfacher, als die der zwei
eben behandelten; auch kommen darin außer den ganz untergeordneten
Rollen nur neun, zum Theil umfassende Rollen vor. In der
einzigen Scene, wo fünf Personen sprechen (IV., 4), sind als
vierte und fünfte Dromo und Phrygia zugegen, welche nur einzelne
Worte zu sprechen haben. Diese Beiden, sowie die IV., 1 auftretende alte Amme bedürfen keiner eigentlichen Schauspieler. Syrus,
der Alles leitende Sclave des Clitopho, erfordert seinen eigenen
Mann; denn er trifft mit allen Personen im Stück zusammen.
Deßgleichen Clitopho, der nur mit Antiphila und Bacchis nicht
zusammen kommt. Diese beiden Mädchenrollen lassen sich aber, je nach
den Umständen, an verschiedene Darsteller der Hauptrollen vertheilen; denn Chremes, der im II. Akt fehlt, kann die dort auftretende Antiphila, Menedemus die nur zweimal anwesende Bacchis
übernehmen. Der fünfte Komöde erhält die Rollen des alten Clinia
und der Sostrata, der Frau des Chremes. Da wir von Donatus

weder Vorrede noch Kommentar zu diesem Stücke besitzen, so läßt sich über die Reihenfolge der Rollen Nichts bestimmen; nur soviel können wir sagen, daß der greise Menedemus, der auch dem Stücke den Namen gab, die Hauptrolle zu haben scheint; denn der Sprecher des Prologes, meistens derjenige Schauspieler, welcher die Hauptrolle des Stückes spielte, und in der Regel der Direktor der Schau=spielertruppe selbst, giebt sich ja v. 43 und 51 ebenfalls als Greis zu erkennen. Endlich ist zu erwähnen, daß in der Dibaskalie zu diesem Stücke L. Ambivius Turpio allein als der genannt ist, welcher es aufgeführt hat.

Hecyra.

Die zehn Rollen dieser Komödie konnten von fünf Schau=spielern gegeben werden; weniger anzunehmen erlaubt der zweite Theil des Stückes nicht, wo die Scenen mit immer neuen Personen besetzt sind, so daß dort an ein Rollenwechseln nicht gedacht werden kann. Doch treten nie mehr als drei Personen in Einer Scene auf. Die Rollen der Philotis und der Syra, personae protaticae, kommen blos im I. Akt vor. Sie können von jedem der Darsteller der übrigen Rollen, mit Ausnahme von dem des Parmeno, mit dem sie zusammen sprechen, gegeben werden. Parmeno selbst spielt eine umfassende Rolle; kann aber doch, da er im IV. Akt nicht erscheint, dort die Myrrina vorstellen. Pamphilus, der vom III. Akt an bis zum Ende aufzutreten hat, konnte vorher eine der personae protaticae übernehmen. Sostrata konnte, da sie am Anfang und Ende des Stückes fehlt, hier eine der personae protaticae spielen, dort die nur im V. Akt auftretende Bacchis. Die Rollen des Laches und Phidippus können nur von zwei be=sonderen Schauspielern übernommen werden, die den größten Theil des Drama's hindurch in derselben Rolle verbleiben müssen; jedoch fehlen Beide im I. Akt. — Der Sclave Sosia, der III., 4 nebst mehreren andern Dienern des Parmeno auf die Bühne gebracht wird, spricht nur einige Worte; er gehört also unter die Klasse der übrigen servi, lorarii, ancillae u. s. w., die im Stücke mehrere Male aufzutreten haben. — Die erste Rolle ist nach dem Zeugnisse des Donatus (praef.) die des Laches, dann kommt die des Pam-

philus, dann die des Phidippus, endlich die des Parmeno: die
übrigen reiht Donatus nur mit den Worten an: ac deinceps
aliarum personarum, quae his adiunctae sunt. Die Hauptrolle
spielte jedenfalls L. Ambivius Turpio, welcher nach der Didaskalie
und nach Donatus die Aufführung des Stückes übernahm und
auch den Prolog selbst sprach.

Phormio.

Hier werden dreizehn Personen redend eingeführt, die sich nicht
anders als unter sechs Schauspieler vertheilen lassen, obwohl sehr
viele ganz unbedeutende Rollen darunter sind. Sechs Personen
treten im letzten Theile der Komödie nach einander auf. In ein
und derselben Scene sind nie mehr als fünf thätig*). Der Parasit
Phormio, welcher nach Terenz' eigener Aussage (prol. v. 27 f.)
und nach Donatus die erste Rolle im Stück hat, spielt nur im
II. und letzten Akte; während seiner langen Abwesenheit kann er
den im III. Akte nur Einmal auftretenden Kuppler Dorio darstellen.
Phaedria ist nur in der ersten Hälfte des Stückes, Chremes nur
in der letzten zugegen; was ist natürlicher, als daß beide Rollen
nach einander von Einem gespielt wurden? Geta nimmt eine Kraft
für sich allein in Anspruch, da er in allen Theilen der Komödie
auftritt und mit allen Personen, außer mit Nausistrata und
Sophrona, zusammentrifft. Letztere zwei Frauenrollen aber müssen
von Anderen gespielt werden, da gegen das Ende der Komödie
Geta für sich genug zu sprechen hat. Der Schauspieler des Demipho
hat als solcher blos im II., IV. und V. Akt zu sprechen; außerdem
kann er den Davus oder Dorio oder die Sophrona spielen. Antipho
ist fast im ganzen Stück in Thätigkeit; nur fehlt er im II. Akt,
wo sein Schauspieler einen der drei advocati, welche dort zu
sprechen haben, darstellen kann. Auch konnte er die Rolle der
Sophrona übernehmen, weil zwischen deren Weggang (V., 1) und

---

*) Das Miniaturbild zu II., 4 im cod. Vatic. (bei Wieseler: Theater-
gebäude X., 7) zeigt sechs Personen in lebhafter Aktion, obwohl nach dem Texte
dort blos fünf zugegen sein sollten. Die sechs Personen sind Demipho, Geta,
Phormio, Hegio, Cratinus u. Crito, welche auch in dieser Partie Alle nach
einander sprechen müssen.

Antipho's Auftreten (V., 4) Zeit genug fällt, um Rollen zu wechseln. Auch die persona protatica des Stückes, Davus, steht für ihn, wie für Andere, frei. Die Rolle der Nausistrata aber läßt sich nicht leicht einem der bis jetzt angenommenen fünf Schauspieler aufbürden, da sie mit vier der Hauptpersonen (Phormio, Demipho, Phaedria u. Chremes) zusammentrifft, mit Geta und Antipho im letzten Akte rasch wechselt. Für sie und für einen der im II. Akt sprechenden advocati muß ein sechster Schauspieler angenommen werden. Die eben erwähnten drei advocati, Hegio, Cratinus und Crito treffen mit Demipho, Geta und Phormio zusammen. Wenn aber blos fünf Schauspieler gewesen wären, so bliebe Eine Rolle hier unbesetzt. Die Rangordnung der Hauptrollen ist nach Donatus folgende: Phormio spielt die erste, Geta die zweite, Demipho die dritte Rolle; die übrigen folgen nach (subinde ceteri, prout cuiusque actus ostendit). Die zwei Truppen des L. Ambivius Turpio und L. Atilius Praenestinus haben auch diese Komödie aufgeführt, wie die Didaskalie und Donatus uns berichten.

Ueberblicken wir nun die hier für jede einzelne Komödie des Plautus und Terenz gewonnenen Resultate*), so ergiebt sich daraus Folgendes:

Daß die römischen Komiker jene den griechischen Dramatikern auferlegte Beschränkung der Schauspieleranzahl dem Prinzip nach angenommen haben, ist, abgesehen von schriftlichen Zeugnissen, besonders daraus ersichtlich, daß sich eben in den einzelnen Stücken dieser Dichter jene Vertheilung der Rollen an eine relativ geringe Anzahl spielender Kräfte vornehmen läßt. Dabei ist freilich wiederholt bemerkt worden, daß die vorgeschlagene Eintheilung der Rollen in den einzelnen Komödien sich theilweise auch auf andere Art gestalten könne, wenn nur die zu jedem Stück nöthige, möglichst kleine Anzahl von Schauspielern einmal festgestellt ist.

Die zweite Frage: In welchem Umfange die römischen Komiker über jene Beschränkung der Griechen hinausgegangen sind, erhält bei verschiedenen Stücken des Plautus und Terenz eine ver-

---

*) Die Zusammenstellung derselben siehe im Anhange.

schiedene Beantwortung, läßt sich aber doch durch Zusammenstellung der einzelnen Resultate in ihrer Gesammtheit entscheiden. Bei einzelnen Plautinischen Komödien, welche nicht vollständig erhalten sind, wie Aulularia, Truculentus, kann natürlich die dazu erforderliche Schauspieleranzahl nicht festgestellt werden; bei anderen haben wir gesehen, daß die Entscheidung über unsere Frage zweifelhaft ist, da oft die Eintheilung nach Scenen und Akte, sowie auch andere Einrichtungen der antiken Bühne in Betracht kommen. Bei den meisten aber ist die zu ihrer Aufführung nöthige Zahl von Schauspielern, wofern überall die kleinste festzusetzen ist, zu erkennen*). Nur Ein Stück des Plautus kann von drei Schauspielern aufgeführt werden, die Cistellaria; bei dieser Komödie trifft es sich, daß sie, jedenfalls eines der ersten Stücke des Dichters, wo nicht, wie Neuere glauben, das zuerst aufgeführte ist**). Wenn jedoch dieses Stück, wie z. B. W. S. Teuffel (Gesch. der röm. Ltr. I., 115) annimmt, kaum zur Hälfte erhalten ist, so läßt sich auch hier die Schauspieleranzahl und Vertheilung der Rollen nicht festjtellen. Der Stichus, über dessen Zeit man nicht entscheiden kann***), könnte mit Mühe und Noth von drei Schauspielern gegeben werden; allein wir haben bei der besonderen Besprechung dieser Komödie gesehen, daß es rathsamer sein wird, hier vier Schauspieler anzunehmen. Diese Anzahl reicht auch aus zu den Captivi, Epidicus, Mercator und Pseudulus, Stücke, welche in verschiedene Perioden des Dichters fallen†). Fünf Schauspieler ist die gewöhnliche Anzahl bei Plautinischen Komödien; sie sind hinreichend zu folgenden Stücken: Amphitruo, Asinaria, Bacchides, Casina, Curculio, Menaechmi, Miles gloriosus, Mostellaria, Persa und Trinummus. Auch in zwei terenzianische Komödien kommen wir mit fünf Schauspielern aus, im Heautontimorumenos und in der

---

*) Nach obiger Darstellung wird das Urtheil W. S. Teuffel's (Gesch. der Röm. Ltr. I. S. 22), daß nämlich unter den Plautinischen Stücken nur bei zweien (Cist. u. Stich.) allenfalls mit 3 Schauspielern auszukommen sei, acht aber mindestens 4, zehn mindestens 5 Schauspieler erfordern, und daß von den terenzischen zwei Stücke 4, zwei 5 und zwei sogar 6 Schauspieler nothwendig machen, — etwas genauer zu präzisiren und zu ändern sein.
**) Worte E. J. F. Bähr's: Gesch. der Röm. Ltr. I., S. 160.
***) S. Fr. Ritschl: Rh. M. N. F. I., 1, S. 41. Bähr am a. O. —
†) Die Nachweise bei Bähr S. 160 ff. und W. S. Teuffel, Gesch. der röm. Ltr. I., S. 114 ff.

Hecyra. Poenulus und Rudens des Plautus konnten von weniger als sechs Schauspielern nicht aufgeführt werden; von der ersteren dieser beiden Komödien wissen wir, daß sie in die spätern Lebensjahre des Dichters fällt. Sechs Schauspieler brauchte auch Terenz zur Aufführung der Adelphi und des Phormio. Zur Andria und zum Eunuchus reichten aber auch sechs nicht aus.

So ergiebt sich also für Plautus als die möglichst kleinste Schauspieleranzahl in den einzelnen Komödien die Durchschnittszahl fünf, für Terenz dagegen sechs. Diese Steigerung steht auch im Verhältniß zur Vervollkommnung der Komödie, wie sie sich bei Terenz zeigt, und wie sie richtig schon Euanthius, de trag. et com. p. XV. (bei Klotz) erkannt hat: Illud etiam inter cetera eius laude dignum videtur, quod locupletiora argumenta ex duplicibus negotiis delegerit ad scribendum. Nam excepta Hecyra, in qua unius Pamphili amor est, ceterae quinque binos adulescentulos habent. Ja von Terentius wissen wir, daß er mehreren seiner Stücke, z. B. Phormio, Eunuchus und Andria, je zwei griechische Originale zu Grunde gelegt hat. Da durch diese contaminatio zweier Komödien in Eine natürlich auch die Zahl der auftretenden Charaktere wuchs, so ist es ganz erklärlich, daß zu diesen Komödien mehr Schauspieler für nöthig befunden werden, als zu den übrigen*).

Will man nun aber aus der zu den römischen Komödien nöthigen Schauspieleranzahl Rückschlüsse machen, wie es bei den griechischen Dichtern der sog. neueren attischen Komödie, welche bekanntlich den römischen Komikern großentheils zum Vorbild gedient haben, mit der Beschränkung der Schauspieleranzahl ausgesehen hat, so muß man hier vorsichtig zu Werke gehen; denn es ist allgemein bekannt, daß weder Plautus noch Terenz ihre Originale in Allem nachahmten, daß sie vielmehr, wie die eben besprochenen Contaminationen beweisen, frei nach denselben schufen, wie es den Ansprüchen der Römer angemessen war**). Doch läßt sich im Ganzen sagen,

---

*) Auch Plautus nahm zu einzelnen Stücken Charaktere und Scenen aus verschiedenen griechischen Originalen herüber. S. W. S. Teuffel, Gesch. der röm. Ltr. I., S. 23.

**) S. F. Fritzsche: Lectiones Terentianae, Rostock, 1860, und derselbe: De graecis fontibus Terenti, spec. II., Rost. 1862.

daß die Dichter der späteren griechischen Komödie ebenfalls jene ursprüngliche Beschränkung der Schauspieleranzahl überschritten zu haben scheinen, wie es auch mit dem Charakter der neueren attischen Komödie übereinstimmt. Für die einzelnen Dichter, Menander, Philemon, Apollodorus u. s. w. genauere Bestimmungen zu geben ist nicht möglich, da wir ja nicht bei allen Stücken der beiden römischen Komiker die Originale und deren Dichter kennen. Auch wird unter den Dichtern der neueren attischen Komödie hier schwerlich ein Unterschied statt gefunden haben, da sie ja alle so ziemlich um dieselbe Zeit lebten.

Abschließend können wir sagen, daß es mit der Sitte der Beschränkung der Schauspieleranzahl wie auch mit anderen Einrichtungen und Gebräuchen des Alterthums sich verhielt: man hielt an dem einmal vorhandenen Prinzipe fest, jedoch so, daß man eine fortschreitende Entwickelung innerhalb der im Prinzip liegenden Gränzen nicht nur nicht scheute, sondern auch freiwillig erstrebte.

III.

Damit Nichts von Dem, was bei Aufführung der Plautinischen und Terenzischen Komödien auf der Bühne gesprochen worden ist, hier übergangen worden zu sein scheint, wollen wir in diesem Theile diejenigen Rollen besprechen, die bei Festsetzung der Schauspieleranzahl und Vertheilung der Rollen unberücksichtigt geblieben sind.

Hieher gehört vor Allem die Person Dessen, der den Prolog, welcher zu den meisten Plautinischen und zu allen Terenzischen Komödien vorhanden ist, spricht. Ob nun diese Prologe, so wie sie uns vorliegen, von den Dichtern selbst gemacht sind, oder ob sie, wie bei den meisten des Plautus anzunehmen ist, erst zum Zwecke wiederholter Aufführungen später hinzugedichtet sind, kann für unsere Frage unberücksichtigt bleiben. Wir werden glauben dürfen, daß Plautus, wie Terenz, kein Stück auf die Bühne gebracht hat, dem er nicht einen Prolog vorsetzte. Daß nun Derjenige, welcher diesen vom Stücke meist losgelösten Prolog zu sprechen hatte, Einer der bei Aufführung des Stückes selbst thätigen Schauspieler gewesen ist, unterliegt kaum einem Zweifel, und wird durch Stellen, wie Poenul. prol. v. 125 (Ibo: et alius nunc fieri volo), Capt. prol. v. 62 (agere nos tragoediam), Adelph. prol. v. 12 (cum nos acturi sumus novam) und andere bestätigt. Manchmal war Dieser der dominus gregis selbst, welcher neben des Dichters Interesse nicht selten auch das seinige im Prologe vertrat; so nennt sich z. B. der Sprecher des Prologes zum Poenulus v. 4: scherzweise imperator histricus. Dem zweiten Prologe zur Hecyra des Terenz ist in den Handschriften vorgesetzt: L. Ambivius prologus. Dieser L. Ambivius Turpio ist uns aus den Didaskalien und Donatus als Schauspieldirektor, welcher die meisten der Terenzianischen Komödien mit seinen Leuten aufführte, bekannt*). Derselbe spricht

---

*) In den Didaskalien zu Heautont. u. Hec. steht: egit L. Ambivius Turpio (siehe jedoch: G. Wilmanns, De didascaliis Terentianis, Berol.,

im genannten Prolog zur Hecyra v. 49 ff. zu den Zuschauern über seine eigenen Angelegenheiten, als Vermittler zwischen den Aedilen und dem Dichter. Dasselbe thut der Sprecher des Prologes zum Heautont. v. 35 ff. Dieser nennt sich selbst senex und beginnt seinen Prolog mit den Worten: Ne cui sit vostrum mirum, cur partes seni poeta dederit, quae sunt adulescentium. Wenn Grysar (Allg. Schulztg. 1832, II., S. 318) aus den angeführten Worten entnehmen zu dürfen glaubt, daß „in der Regel der Prolog von einem minder bedeutendem Acteure gesprochen wurde" und daß „sich deßwegen Ambivius Turpio, der diesen Prolog spricht, bei dem Publikum entschuldigt", so legt er den Worten des Dichters etwas unter, was nicht darin zu erkennen ist. Es ist ja nicht von einem minder bedeutenden Schauspieler die Rede, sondern blos davon, daß in der Regel ein Jüngerer den Prolog sprach. Warum dieß der Fall war, kann uns gleichgiltig sein*). Der Sprecher des Prologes scheint ein eigenes Kostüm gehabt zu haben. (Poen. prol. v. 125 nunc alius fieri volo u. Hec. prol. II. v. 1: orator ad vos venio ornatu prologi; cfr. die Abbildungen im cod. Ambros. und Vatic. bei Wieseler: Theatergeb. X., 8 u. S. 70 f.). Daher ist auch, wenn die Hauptperson gleich zu Anfang der Komödie auftritt, und derselbe Schauspieler den Prolog zu sprechen hat, zwischen dem Prolog und der ersten Scene des Stückes eine Pause zu denken, in der man sich umkleiden konnte. Manchmal trat der Sprecher des Prologes als Gott verkleidet auf, wie in der Aulul. als Lar familiaris, in der Cistell. als deus Auxilium, und als Luxuria

---

1864, p. 26 sqq.; A. Kohl, Didascaliae Terentianae explicatae, Hal. 1865, p. 28 sqq. u. 52 sqq.); in den übrigen: egere L. Ambivius Turpio, L. Atilius Praenestinus. Bei diesen Stücken waren also zwei Schauspieldirektoren, also jedenfalls auch zwei greges oder catervae engagirt. Cfr. Don. praef. ad Adelph.: agentibus L. Ambivio et L. Turpione, qui cum suis gregibus etiam tum personati agebant. Der dominus gregis war in der Regel selbst Schauspieler und spielte dann wohl immer die erste Rolle im Stücke. L. Ambibius Turpio wenigstens wird bei Cic. de sen. 14, 48 u. Tac. dial. de orat. c. 20 als ausgezeichneter und beliebter Schauspieler gerühmt. Cfr. Ritschl Parerga p. 327. Marquardt: Handbuch der R. Alterth. IV., S. 533. Grysar: Allg. Schulztg. 32. S. 357.

*) Eine Vermuthung hierüber stellt W. Wagner in den Jahn. Jahrb. für klass. Philol. B. 91, S. 282 auf.

mit der Inopia im Trinummus. Ferner kam es vor, daß eine der im Stücke selbst handelnd eingeführten Personen mit dieser Rolle belastet war, so Charinus im Merc.; dieser sagt daher, v. 16 f.: Etsi hoc parum hercle more maiorum institi, pro mea persona ut sim ad vos index ilico. Im Amphitruo spricht Mercurius als Sosia verkleidet den Prolog und bleibt dann gleich auf der Bühne. Es giebt auch Stücke des Plautus (Aulul., Merc., Rud.), wo sich die erste Scene unmittelbar an den Prolog anschließt, was man daraus erkennt, daß der Sprecher des Prologs am Ende, bevor er weggeht, ankündigt, er sehe die zunächst im Stücke auftretende Person herannahen. Hier ist natürlich nicht möglich, daß eine der gleich zu Anfang auftretenden Personen auch den Prolog gesprochen habe; es bleiben ja immer noch andere Schauspieler übrig, welche diese Funktion auf sich nehmen konnten. Endlich folgt in zwei Stücken des Plautus der Prolog hinter dem Eingange des wirklichen Stückes, nämlich in Cist. u. Mil. glor.*). In der Cist. spricht der Gott Auxilium, im Mil. glor. der Sclave Palaestrio diese Worte, welche dem Inhalte nach dem sonstigen Prolog entsprechen.

Wie der Prolog am Anfang der Stücke, so wurde am Ende manchmal eine Art Epilog gesprochen. Diese Schlußverse, wie sie bei Terenz nicht vorkommen, bei Plautus aber in folgenden sechs Stücken: Asin., Bacch., Capt., Cas., Cist., Epid., enthalten in der Regel irgend eine Bemerkung über den Ausgang des Stückes oder über Personen in demselben, nebenbei auch eine Fürsprache für die bei der Aufführung thätigen Kräfte, endlich eine Aufforderung an die Zuschauer zum Beifallklatschen. In den Handschriften werden diese Schlußworte, gewöhnlich nur wenige Verse, der grex oder caterva zugetheilt, auch sprechen sie in der Regel von den Schauspielern im Plural der ersten Person (nos etc.). Es wird also Einer aus der Zahl der Schauspieler im Namen der Uebrigen gesprochen haben. Nur einmal, in der Cist., spricht der Schlußredner von den Schauspielern so, daß er sich nicht mit einbegreift**).

---

*) Cfr. Don. praef. ad Phorm.: Officium prologi ante actionem quidem rei semper est; veruntamen et post principium fabulae inducitur, ut apud Plautum in Milite glorioso, et apud ceteros magnae auctoritatis veteres poetas.

**) Ne exspectetis, spectatores, dum illi huc ad vos exeant:

Schon Lessing*) hat daraus den Schluß gezogen, „daß es nicht allezeit einer von den spielenden Personen gewesen, welcher diese Schlußreden hielt." Allerdings konnte es in jenem Stücke, wie vielleicht auch in anderen, eine sonst nicht bei der Aufführung des Stückes beschäftigte Person sein, der diese Schlußworte sprach; aber es war auch möglich, daß in der Cist. eine von den zuletzt nicht anwesenden Personen von denjenigen, welche eben abgegangen waren, in der Art sprach, wie zu lesen ist.

Meistens jedoch schließen die Stücke der beiden römischen Komiker mit einer einfachen Aufforderung zum Klatschen (spectatores, vos valete et plaudite, oder blos, wie bei Terenz immer, plaudite). Häufig wird diese Aufforderung derjenigen Person des Stückes in den Mund gelegt, welche eben zuletzt im Stücke selbst zu sprechen hat, so bei Plautus in den Men. dem Messenio, im Merc. dem Eutychus, im Persa dem Toxilus, im Poen. (in beiden Ausgängen) dem Agorastocles, im Pseud. dem Pseudulus, im Stichus dem Stichus und im Trucul. der Phronesium. C. J. Grysar (Allg. Schulz. 1832, II, 349) will diesen Brauch auf alle Stücke des Plautus und Terenz übertragen, auch wo sonst eine eigene Person für diese Aufforderung in den Handschriften bezeichnet ist. Allein Horatius, a. p. v. 155 sagt ausdrücklich: Donec cantor: Vos plaudite, dicat. Nun kann man aber doch cantor nicht mit actor oder histrio gleichbedeutend annehmen, wie früher immer geschehen ist (cfr. Klotz: Andria Ter., L. 65, S. 191, Anm.); „denn eben weil die Schauspieler (histriones) alle abgetreten waren, sagt Klotz mit Recht, mußte der scenische Sänger (cantor), von dem seit Livius Andronicus die cantica in der Regel gesungen wurden, während dem Schauspieler dabei nur das Geberdenspiel überlassen blieb (S. Liv. VII, 2, 10), den Schluß des Stückes anzeigen und zum Beifallklatschen auffordern**)." Warum dieser cantor in den Handschriften des Terenz

---

Nemo exibit, omnes intus conficient negotium.
Ubi id erit factum, ornamenta ponent; postidea loci,
Qui deliquit, vapulabit; qui non deliquit, bibet.

*) Kritik über die Gefangenen des Plautus, Anm. dd., ed. Lachmann III. S. 115.

**) Vgl. was oben S. 19 f. über die cantica gesagt ist.

mit Ω bezeichnet ist, konnte noch nicht ermittelt werden. R. Bentley (zu Ter. Andr. V, 6, fin.) erklärt es für gleichbedeutend mit tibicen, den er nach abgelegter Flöte das Wort plaudite sprechen läßt. Allein der tibicen, welcher theils während der Pausen zu spielen hatte, theils den cantor und histrio beim Vortrag der cantica begleitete, und wo sonst Musik vorkam, auf der Bühne spielte (so Casina IV, 3, Stichus gegen das Ende), ist eine vom cantor zu unterscheidende Person. Er hat weiter Nichts zu thun, als seine Flöte zu blasen und spricht auch da, wo er angeredet wird, wie an den bezeichneten Stellen im Stich. und in der Cas. kein Wort. Für ihn paßt daher auch die Aufforderung zum Klatschen nicht. Wie gesagt, dieß war Sache des cantor oder derjenigen Person, welche sonst das letzte Wort im Stücke zu sprechen hatte.

Ferner sind in der speziellen Besprechung der einzelnen Komödien des Plautus und Terenz von uns einige Stellen in einzelnen Stücken unberücksichtigt gelassen worden, um sie hier gemeinsam zu behandeln. Es sind dieses die wenigen Stellen, wo eine Person, und zwar immer nur eine weibliche, einige Worte hinter der Scene spricht, ohne selbst weder da noch irgendwo sonst im Stücke zu erscheinen*). Dreimal kommt es nämlich vor (einmal bei Plautus, zweimal bei Terenz), daß Frauen bei ihrer Niederkunft im Innern des Hauses die Hülfe der Juno Lucina anrufen und zwar jedesmal fast mit denselben Worten: Juno Lucina, fer opem, serva me, obsecro! Dieß thut Phaedra in der Aulul. (IV, 7, 10), Glycerium in der Andr. (III, 1, 15), und Pamphila in den Adelph. (III, 4, 41). Diesen Stellen schließt sich jene in der Hecyra (III, 1, 38) an, wo Myrrina während eines heftigen Wortwechsels im Innern des Hauses folgende Worte hören läßt: Tace obsecro, mea grata! Daß diese Ausrufe hinter der Scene bei der Rollenvertheilung in den betreffenden Stücken nicht in Betracht kommen, ist selbstverständlich, da dazu kein besonderer Schauspieler nöthig war.

Endlich sind noch die Fälle zu besprechen, wo Personen, wie lorarii, servi, ancillae u. A., welche sonst personae mutae sind,

---

**) Don. praef. in Andr.: Adnotandum sane, puellarum liberalium nullam orationem in proscenio induci (in comoedia palliata) praeter invocationem Junonis Lucinae, quae et ipsa quoque post scenam fieri solet. cfr. Klotz: Andr. Ter. S. 102 zu III, 1, 15.

ein oder mehrere Worte auf der Bühne sprechen. Diese Fälle sind bei beiden Komikern ziemlich häufig, und zum Theil schon oben erwähnt worden. Doch mögen sie hier zusammengestellt werden: In dem Capt. spricht einer der zu wiederholten Malen auftretenden lorarii wenige Worte; Cas. IV, 4 sprechen die zwei ancillae, welche die vermeintliche Braut vorführen, Einiges, auch später V, 4; im Epid. spielen die virgo und die fidicina ganz untergeordnete Rollen; Men. V, 7 rufen die lorarii: Periimus. Obsecro hercle!; Merc. II, 2 fragt ein servus: Numquid amplius?; auch im Mil. glor. spricht ein lorarius in der Schlußscene einige Worte; in der Most. der Sclave Grumio (I, 1) und ein puer (II, 1); in demselben Stück zu Anfang des IV. A. einer der advorsitores; im Poen. sind Rollen von ähnlicher Bedeutung die alte Giddimene und ihr Sohn (puer), dann eine ancilla und ein advocatus; im Pseud. ein servus (I, 2); im Rud. einer der lorarii (III, 2); im Trucul. zwei Mädchen (IV, 3). Bei Terenz sind die Stellen, wo solchen Personen einige Worte in den Mund gelegt werden, folgende: Adelph. V, 2, in., wo der Sclave Dromo Einiges spricht; Andr. V, 2, wo ein gleichnamiger Sclave nur fragt: Quid vis? und dann: Quem?; wiederum ein Dromo spricht Einiges im Heautont. II, 3 und IV, 2; in demselben Stücke die ancilla Phrygia (IV, 2) und die Amme (IV, 1); in der Hec. der Sclave Sosia, welcher von Parmeno mit mehreren andern Sclaven herbeigeführt wird und bald wieder weg geht; endlich im Eun. spricht der nur Einmal (IV, 4) auftretende Eunuch einige Worte; deßgleichen Sanga (IV, 7); ferner die Amme Sophrona (V, 3).

Diese Rollen und vielleicht noch manche von den oben unter die eigentlichen Rollen der Stücke gerechneten bedurften keine eigentlichen Schauspieler*); sie konnten von jedem beliebigen Sclaven übernommen werden, deren zum Personal des dominus gregis bisweilen viele gehört zu haben scheinen. Stumme Personen nämlich waren, wie auf der griechischen, so auch auf der römischen Bühne oft in Masse zu sehen. Daher treffen wir auch bei Plautus

---

*) „Nur das Sprechen machte den Schauspieler." Welcker: Aesch. Tril. S. 118.

und Terenz viele solche Personen. Bald erscheinen sie als lorarii, um Jemanden zu knebeln und fortzuschaffen, wie Capt. III, 4, Men. V, 7, Mil. glor. V, 1, Mort. V, 1, Truc. IV, 3; bald wird von pueri auf der Bühne ein Mahl hergerichtet, wie Asin. V, 1, Most. I, 3; bald treten Sclaven, die Gepäck tragen, mit ihren Herren auf, wie Asin. II, 3, Most. II, 2, Poen. V, 1, Mil. glor. IV, 8, Men. II, 1; bald werden stumme Zeugen herbeigerufen, wie z. B. von Agorastocles im Poen. III, 1, vom Demipho im Phorm. II, 3; kurz stummen Personen begegnen wir bei Plautus und Terenz sehr oft. Sie können uns als neuer Beweis dafür dienen, daß zur Aufführung der römischen Komödien durchaus nicht wenige Personen nöthig gewesen sind.

Anhang.

Obwohl die im Obigen für jedes einzelne Stück des Plautus und Terenz vorgeschlagene Rollenvertheilung unter die verhältnißmäßig kleinste Anzahl von Schauspielern nicht den Anspruch machen kann, als die allein zulässige zu gelten, so möge doch hier eine übersichtliche Zusammenstellung der Rollen und Schauspieler eines jeden Stückes Platz finden. Darüber, wie diese Vertheilung durchführbar ist, oder wie sie etwa anders hätte vorgenommen werden können, sowie überhaupt über Zweifel und Bedenken verweisen wir im Voraus an die specielle Darlegung im II. Theil.

1) Amph.
    I. Amphitruo.
    II. Iupiter.
    III. Sosia.
        Blepharo.
    IV. Mercurius.
    V. Alcmena.
        Bromia.
    *) Thessala.

2) Asin.
    I. Argurippus.
        Diabolus
        mercator (?)**).
    II. Parasitus.
        Libanus.
    III. Demaenetus.
        Leonida.
    IV. Artemona.
        Cleaereta.
    V. Philenium.
    Pueri.

3) Aulul.
    S. oben S. 23.
4) Bacch.
    I. Bacchis I.
        Chrusalus.
    II. Bacchis II.
        Mnesilochus.
    III. Pistoclerus.
        Philoxenus.
    IV. Cleomachus.
        Ludus.
    V. Nicobulus.
        Parasitus.
    Puer, lorarii, pedisequi.
5) Capt.
    I. Hegio.
    II. Philocrates.
        Aristophontes
        puer (?).
    III. Tyndarus.
        Philopolemus.

*) Die jedesmal unter dem Striche stehenden Personen sind entweder mutae oder solche, die nur ganz untergeordnete Rollen zu spielen haben.

**) Bei den mit Fragezeichen versehenen Rollen ist es zweifelhaft, wer sie gespielt hat, da sie oft auch anderen Schauspielern sich zutheilen lassen, oder ob sie überhaupt von einem ordentlichen Schauspieler übernommen worden sind.

IV. Ergasilus.
   Stalagmus.
   ─────────
   Lorarii.
6) Cas.
   I. Stalino.
   II. Olympio.
   III. Cleostrata.
   IV. Murrhina.
      Alcesimus.
   V. Chalinus.
      Pardalisca.
      ─────────
      Coquus, ancillae.
7) Cistell.
   I. Lampadiscus.
      Silenium.
   II. Alcesimarchus.
      Gymnasium.
      Phanostrata.
   III. Lena.
      Melaenis.
      Halisca.
      Demipho.
      ─────────
      Gott Auxilium.
8) Curc.
   I. Curculio.
   II. Cappadox.
      Leaena (?).
   III. Palinurus.
      Therpontigonus.
   IV. Phaedromus.
      Luco.
   V. Planesium
      coquus (?).
      ─────────
      Choragus.
9) Epid.
   I. Epidicus.
      Philippa.
   II. Periphanes.
      Thesprio.
   III. Stratippocles
      miles.
   IV. Chaerebulus.
      Apoecides.

   Danista, virgo, fidicina,
   puer, Canthara.
10) Men.
   I. Menaechmus I.
   II. Menaechmus II.
      medicus.
   III. Messenio.
      Peniculus.
   IV. Culindrus
      ancilla
      matrona.
   V. Erotium
      senex.
      ─────────
      Pueri, lorarii.
11) Merc.
   I. Charinus
      coquus (?).
   II. Eutychus.
      Pasicompsa (?).
      Dorippa (?).
   III. Demipho.
      Syra (?).
   IV. Lysimachus.
      Acanthio (?).
      ─────────
      Pueri.
12) Mil. gl.
   I. Pyrgopolinices.
      Lucrio.
   II. Pleusicles.
      Sceledrus.
      Artotrogus. (?)
   III. Palaestrio.
      Cario.
   IV. Acroteleutium.
      Philocomasium.
   V. Periplecomenus.
      Milphippida
      puer (?).
      ─────────
      Servi, satellites, lorarii.
13) Most.
   I. Tranio.
      Scapha.
   II. Philolaches.
      Theopropides.

III. Callidamates
advorsitor.
IV. Philematium.
Misargurides.
Phaniscus.
V. Delphium.
Simo.
Grumio.
Pueri, pedisequi, advorsitores, lorarii.
14) Persa.
I. Toxilus.
II. Sagaristio.
III. Saturnio.
Lemniselene.
IV. Dordalus.
Sophoclidisca.
V. Paegnium
virgo.
Servi.
15) Poen.
I. Milphio.
Anthemonides
II. Adelphasium.
Collybiscus (?).
III. Anterastylis.
Syncerastus (?)
advocatus.
IV. Hanno.
V. Lycus.
VI. Agorastocles.
Giddimene, pueri, advocati, ancilla.
16) Pseud.
I. Pseudulus
coquus.
II. Ballio.
Charinus.
III. Callipho.
Harpax.
Simmia.
IV. Simo.

Caludorus
puer (?)
Phoenicium, servi, ancillae, lorarii.
17) Rudens.
I. Trachalio.
II. Charmides.
Daemones.
III. Labrax.
Ptolemocratia (?).
IV. Sceparnio.
Palaestra.
V. Plesidippus.
Gripus
priscator (?).
VI. Ampelisca.
Gott Arcturus, piscatores, comites, lorarii.
18) Stichus.
I. Pamphila.
Pamphilus.
Stichus.
Crocotium (?).
II. Philumena.
Epignomus.
Stephanium.
III. Gelasimus.
Sagarinus.
IV. Antipho.
Pinacium.
19) Trin.
I. Lesbonicus.
Sucophanta (?).
II. Lusiteles.
III. Callicles.
Philto.
IV. Charmides.
Megaronides.
V. Stasimus.
Luxuria und Inopia.
20) Truc.
S. oben S. 37.

1) Adelphi.
 I. Micio.
   Sostrata.
 II. Demea.
   Sannio.
 III. Syrus.
 IV. Aeschinus.
   Canthara.
 V. Ctesipho.
   Geta.
 VI. Hegio.
   Pamphila, Dromo, Parmeno, Palaestra.

2) Andria.
 I. Davus.
 II. Simo.
 III. Charinus.
   Lesbia.
 IV. Chremes.
   Byrria.
 V. Pamphilus.
   Sosia (?).
 VI. Mysis.
 VII. Crito.
   Glycerium, Dromo.

3. Eunuch.
 I. Parmeno.
   Dorias (?).
 II. Chaerea.
 III. Phaedria.
   Antipho (?).
   Laches (?).
 IV. Gnatho.
 V. Thraso.
 VI. Thais.
 VII. Pythias.
 VIII. Chremes (?).
   Dorus, Sanga, Sophrona, ancilla, pueri.

4) Heautont.
 I. Syrus.
 II. Clitopho.
 III. Chremes.
   Antiphila.
 IV. Menedemus.
   Bacchis.
 V. Clinia.
   Sostrata.
   Dromo, Phrygia, nutrix.

5) Hecyra.
 I. Laches.
 II. Pamphilus.
   Syra (?).
 III. Phidippus.
 IV. Parmeno.
   Myrrina.
 V. Philotis (?).
   Sostrata.
   Bacchis.
   Sosia, Scirtus, pueri, nutrix, ancillae.

6) Phormio.
 I. Phormio.
   Dorio (?).
 II. Geta.
 III. Demipho.
   Davus (?).
 IV. Phaedria.
   Chremes.
   Crito (?).
 V. Antipho.
   Sophrona.
   Hegio (?).
 VI. Nausistrata.
   Cratinus (?).
   Puer.